本书系教育部教育技术与资源发展中心（中央电化教育馆）
中小学生人文素养及影视戏剧教育研究课题项目成果

新时代中小学生影视戏剧教育资源研究与教学实践

主　编　张　瑜
副主编　陈碧琦　王一可

中国国际广播出版社

本书编写组

主　编

张　瑜： 教育部教育技术与资源发展中心（中央电化教育馆）处长，中小学生人文素养及影视戏剧教育研究课题项目组负责人

副主编

陈碧琦： 深空探测科技（北京）公司品牌运营部主管，曾任教育部教育技术与资源发展中心（中央电化教育馆）干部

王一可： 中小学生人文素养及影视戏剧教育研究课题项目组副组长

编　委

（项目组成员及专家编委按姓氏拼音排序，
学校负责人编委按照行政区划排序）

丁　洁： "电影通识课系列"丛书副主编（北京师范大学出版社），中小学生人文素养及影视戏剧教育研究课题项目组专家

董　逸： 同济大学中小学德育美育创新研究中心负责人，中小学生人文素养及影视戏剧教育研究课题项目组专家

刘世宁： 同济大学教授，中小学生人文素养及影视戏剧教育研究课题项目组专家

钱　正：同济大学艺术与传媒学院表演专业主任，副教授，中小学生人文素养及影视戏剧教育研究课题项目组专家

赵晓露：四川巴蜀美育研究院理事长、院长，中小学生人文素养及影视戏剧教育研究课题项目组专家

周由游：教育部教育技术与资源发展中心（中央电化教育馆）副处长，副研究员，中小学生人文素养及影视戏剧教育研究课题项目组主要成员

杨凯峰：浙江省杭州市基础教育教研室主任

徐贤刚：浙江省杭州萧山区文渊实验初级中学执行校长

韩伟珍：浙江省杭州萧山区闻堰小学校长

华　洁：浙江省杭州萧山区湘湖小学校长

缪步华：福建省寿宁县实验小学校长

叶少雄：福建省寿宁县鳌阳小学校长

张年勇：山东省潍坊第一中学校长

袁　霞：山东省潍坊第一中学党委副书记

刘顺敏：湖北省枣阳市第四实验小学校长

孙迎春：广东省东莞市南城阳光实验中学校长

方月清：广东省东莞市南城阳光实验中学副校长

李美红：广东省东莞市南城阳光第四小学校长

金　波：四川省成都市草堂小学校长

刘芳菲：四川省成都市泡桐树小学境界分校党支部书记、校长

吴　佳：四川省成都市双眼井小学校长

陈逢原：四川省岳池县东街小学校校长

编写分工

该书由张瑜全书统稿。第一章第一节、第二节、第三节由张瑜、陈碧琦、周由游执笔，第四节由张瑜、陈碧琦、赵晓露、丁洁执笔；第二章第一节、第二节、第三节、第四节由陈碧琦执笔，第五节由丁洁执笔；第三章、第四章由钱正、赵晓露、刘世宁、董逸执笔；第五章由张瑜、陈碧琦、王一可执笔；第六章由张瑜、陈碧琦、王一可统筹，杨凯峰、徐贤刚、韩伟珍、华洁、缪步华、叶少雄、张年勇、袁霞、刘顺敏、孙迎春、方月清、李美红、金波、刘芳菲、吴佳、陈逢原等课题项目参与学校负责同志组织学校教师提供影视戏剧教育活动、课程实践案例。

前　言

教育是关系到千家万户的最大民生工程，2018 年全国教育大会将教育定位到"国之大计、党之大计"这一前所未有的政治高度，立德树人是教育的根本任务，教育不仅能促进学生知识、技能的增加，更重要的是培养德智体美劳全面发展、担当民族复兴大任的时代新人。

2018 年 9 月，习近平总书记在全国教育大会上强调，"要全面加强和改进学校美育，坚持以美育人、以文化人，提高学生审美和人文素养"①。中小学生影视戏剧教育有着丰富内容、趣味形态、创新价值等独特优势，既是中小学生德育、美育、学科融合教学的有机组成部分，也是培育审美情趣、提升人文素养、提高综合素质的有效途径。

长期以来，我国的优秀经典影片影响和感染了一代又一代人。改革开放以来我国影视产业空前繁荣，不同类型的优秀影片大量涌现，在满足人民群众精神文化需求、提高全民族文化素养、传播社会主流价值观、弘扬中华优秀传统文化、增强国家文化软实力等方面发挥了重要作用。当前电影事业快速发展，也为中小学进一步开展影视教育工作提供了丰富的资源和载体。因此，深度探索和挖掘影视戏剧作为一种教育技术和资源的育人功能，具有紧迫的现实需要和突出的重要意义。

近年来，国家政策从顶层设计角度指出加强中小学影视戏剧教育的重

---

① 习近平出席全国教育大会并发表重要讲话［EB/OL］.（2018-09-10）［2023-11-13］. https://www.gov.cn/xinwen/2018-09/10/content_5320835.htm?eqid=e390547100002f2e0000 00046475fecc.

要性和迫切性。尤其进入新时代，党和国家对中小学生影视戏剧教育给予更为明确的方向引领和工作指导，影视戏剧教育的普及蓬勃向上，呈现纵深发展的光明前景。

2018 年 11 月，教育部、中共中央宣传部联合印发《关于加强中小学影视教育的指导意见》（教基〔2018〕24 号），对中小学开展影视教育的重要意义、工作目标、工作任务、保障措施、考核评价机制等方面作出全面规划指导。中小学影视戏剧教育作为"双减"政策的有力抓手，不只面向立志于从事影视戏剧工作的艺术专业人才，更作为一种普及教育及普遍性的教育方式，服务广大中小学生，通过构建中小学生自己"看、听、读、编、拍、导、演、评"多方位、全流程的影视戏剧教育模式，关注孩子们阅读、观看、思考、感悟之后的外化、再创作、展示和交流，让其在身临其境中、在实践体验中、在合作参与中，潜移默化地厚植爱党爱国爱社会主义的情怀，让中小学德育、美育、人文素养教育真正"融会贯通""入脑入心"，提升学生核心素养和综合素质，培养德智体美劳全面发展的社会主义建设者和接班人。

党的二十大作出"推进教育数字化，建设全民终身学习的学习型社会"的重要战略部署。新时代互联网背景下新一代信息技术和媒介形态的崛起，改变了传统教育、课堂的形态。随着教育数字化战略深入推进，影视戏剧教育不断突破高校艺术专业学科教育的范畴。新时代媒介技术革新带来的教育装备、技术、资源领域的观念创新、研究更新和应用拓展，为影视戏剧教育事业的发展繁荣提供了新的历史机遇，中小学影视戏剧教育面临新形势新任务新要求。

基于以上背景，2020 年 11 月教育部教育装备研究与发展中心〔已于2022 年 2 月与中央电化教育馆整合组建教育部教育技术与资源发展中心（中央电化教育馆），文中，简称"教育部资源中心"或"资源中心"〕组织开展中小学生人文素养及影视戏剧教育研究项目，也是"提升中小学生阅读素养的路径与策略研究"（编号 KZD202006）课题的重要方向之一，为适应信息化时代、全媒体阅读环境的新形势新任务，一体化融合开展影视戏剧教育内容资源"软件"及装备配备条件"硬件"系统方案的研究。

按照政策研究、课题研究和项目工作"一体化推进"的理念和策略，教育部资源中心面向全国各地教育技术装备部门、中小学组织开展中小学生阅读素养、人文素养及影视戏剧教育课题项目研究试验区、试验学校的申报遴选工作。2021 年 4 月，教育部教育装备研究与发展中心印发《关于同意参与中小学生阅读素养、人文素养及影视戏剧教育研究课题试验项目并公布入围校名单的函》，同时发布试验校遴选原则及安排、试验校遴选细则（试行），在各省级教育技术装备部门报送的申报学校范围内，遴选近3000 所入围校，其中 300 余所学校申报了影视戏剧教育研究方向。

课题项目开展期间得到重庆、广东、上海等省级教育技术装备部门、中小学校的广泛积极参与，得到北京师范大学、中国电影博物馆、中国电视剧制作产业协会等专业机构单位的大力支持。课题项目组通过系统调研各地各校数据及有效做法，梳理了中小学生影视戏剧教育的政策背景、内涵要点，从理论层面剖析了媒介技术发展下中小学生影视戏剧教育的需求导向、创新价值，立足项目探索有效路径，研究总结中小学影视教育课程资源系统方案，"立体阅读"教师实践与指导、学情分析及实践重难点，同时汇编了首届"传承红色基因，讲好中国故事"教育活动原创校园影视戏剧系列活动的突出作品创作历程、心得及课题项目参与学校中小学影视戏剧教育课程实践典型案例。

目录

第一章

中小学生影视戏剧教育的
内涵及政策背景

中小学生影视戏剧教育，是加强中小学生社会主义核心价值观教育的时代需要，是落实立德树人根本任务的有效途径，是丰富中小学育人手段的重要举措，在推动中小学生德育、美育、学科融合教学中发挥重要作用，也是培育审美情趣、提升人文素养、提高综合素质的资源富矿和有效途径。纵观十多年来中小学生影视戏剧教育相关政策的发展，随着互联网背景下信息技术和媒介形态的崛起，不断更新传统教育、课堂的模式形态，影视戏剧教育价值已从高校艺术专业学科教育的范畴不断溢出，正以教育资源与教学方式"一体两面"高度融合的样态向中小学校拓展。

第一节　影视戏剧的媒介特征、教育属性及时代发展

在中国传统文化早期，就非常重视"象"的表意作用，提出"立象以尽意"这一意象关系的重要概念，"立象以尽意"是《周易》中的哲学、美学观点，"象"指具体可感的形象，"意"指思想、情意，"言"所不能尽"意"，可通过"象"以尽之，强调艺术形象对于作者情意的表现作用。后续学者以此为基础开始了图像分析、影像表意、艺术表现、审美文化内涵等与视觉文化相关的研究。

从内容属性上看，影视戏剧构建了视觉文化的符号传播系统，是一种重要的信息来源。从文化角度观之，人类早期的原始文化就是视觉文化，那时语言文字还未充分发展起来，视觉在人类生活中起支配性作用。后来语言文字形成，经历了古代的抄本文化和近代印刷文化，视觉的重要性大不如前，以书籍为代表的印刷文字，成为主宰知识、思想和意识形态的最重要媒介。20世纪，伴随着电影、电视等影像传播技术的发展，巴拉兹、

本雅明等学者发现，一种新的视觉文化重新回到人类社会，特别是机械复制的视觉文化彻底颠覆了以往的传统。①20世纪60年代以来，以计算机技术为发展标志的信息时代，视觉艺术形式发生了爆发式革命，信息技术手段再一次使视觉图像占领人们认知的中心地位。②一般来说，语言和理性的关系更为密切，在古希腊哲学中，语言就是理性——"逻各斯"。③苏格拉底以后，整个西方哲学存在着一种强调语言和理性、贬低形象与感性认知的倾向。尤其是启蒙运动以后，形象感知被看作不可靠的、偏重于感性的、低一等的认知行为。但这恰恰从一个侧面揭示了形象感知的特殊性，点出了视觉对主体思维、价值观和意识形态的独特建构功能。

从形式上看，影视戏剧又是一种重要的载体，具有自身鲜明的媒介特征。黑格尔发现，在人的所有感官中，唯有视觉和听觉是"自由的"和"认识性的"感官。视觉作为人的一种感官，不仅是一个自然的生理行为，还是高度社会化、被建构的文化感官，是蕴含了复杂的社会意义的文化现象。④如今，信息化、互联网、大数据、人工智能等技术的迅速发展深刻改变了媒介形态、展示平台、传播模式及交流方式，形塑着当代的影像传播与视觉文化的新范式。今天的视觉文化与原始文化的视觉主导截然不同，当代视觉文化是一种高度技术化的文化，技术革新为视觉生产、存储、呈现和传播提供了更广阔的行动空间和更多的可能性。改革开放以来我国影视产业空前繁荣，多元多样的视听语言、影像叙事成为人们感知世界、求索新知、汲取精神力量的重要方式，视觉因素一跃成为当代文化的核心要素，成为创造、表征和传递意义的重要手段⑤，"看"已不只是看见，俨然成为现代社会性生存的一种基本技能，海德格尔所述的"世界被把握为图

---

① 周宪.视觉文化的转向［M］.北京：北京大学出版社，2008：7.
② 巴拉兹.电影美学［M］.何力，译.北京：中国电影出版社，1979：28-29.
③ 本雅明.机械复制时代的艺术作品［M］.王才勇，译.杭州：浙江摄影出版社，1993：4.
④ 周宪.视觉文化的转向［M］.北京：北京大学出版社，2008：7.
⑤ 周宪.视觉文化的转向［M］.北京：北京大学出版社，2008：7.

像"① 成为个体日常生活实践的核心机制。

加拿大学者麦克卢汉曾以"媒介即讯息"高度概括了传播媒介在人类社会发展中的地位和作用。虽然学界批判其观点有"技术决定论"的片面性，但不可否认的是，麦克卢汉对媒介的关注引发了传播学界对媒介自身形式特点及其影响力的重视和研究，尤其是在当代技术迭代语境中，促使人们关注和思考媒介技术形态革新对信息传播、文化传承、交往沟通、社会发展带来的一系列深刻影响。

教育作为信息传播（包括但不限于知识、技能、思想、观念）与文化传承的一种特定形式，从口语时代到文字、印刷、广播电视再到互联网，媒介技术的每一次变革都深刻影响了教育。从知识生产与传播的历史演进来看，文字和印刷术使人类可以借助符号和复制技术进行知识的生产、保存与传播，线形排列的文字促进了逻辑组织、有序结构和抽象思维的发展，但同时也要求受众具有一定的认知基础、更高的自制能力、对延迟的满足感和容忍度。影像技术出现后，抽象的知识经过生动的画面形象演绎，获取知识的门槛降低，知识生产与传播广度有了质的飞跃。

比较媒介学中，视觉话语作为人类文化最基本的形式之一，对主体的建构功能在许多情况下显得更有力、更深刻。早在 20 世纪 30 年代，包括中国在内的世界各国知识分子已经开始重视影像传播的教育功能。法国、比利时、瑞典、德国、意大利、日本等国家纷纷掀起教育电影运动，利用电影可以"传实境实物"的特点，将其作为教学工具使用，也把它作为传播知识、散播思想的新途径。20 世纪 60 年代，美国传播学者格伯纳等人提出"培养理论"，通过实证研究，发现大众传播媒介尤其是以生动影像传播为主要表现形式的电视，在潜移默化中培养了受众对世界的认知。如今

---

① 孙周兴.海德格尔选集［M］.上海：生活·读书·新知上海三联书店，1996：899.

媒介技术的发展使得视觉形象更易于被用来再现和赋予丰富意义，特别是在打破时空界限的互联网媒介中出现的视频影像，更使得知识的大规模传播成为现实，更广泛地用于传达关于自然、社会和文化的因素，也用来再现各种想象世界和抽象概念。视觉认知及其体验成为当代文化生产、传播、接收的重要环节，影像已成为最具影响力的文化传播载体之一，从其教育功能的视角切入，兼具教育资源与教学方式"一体两面"的属性，在内容与形式的双重面向上达成统一。

如今教育的主体对象是作为"互联网原住民"一代的中小学生，传统教育的主体观念、组织方式、教学流程、课堂形态、评价模式等诸多方面都需置身互联网语境下作出转变。具体言之，从出生起，这代中小学生就置身于海量信息、即时互动、双向传播、多元开放的互联网时代；近年来移动互联的发展更是强化了这种"互联网基因"，技术发展带来"时时、处处"易达的指数爆炸式信息流，时间被极大"压缩"，空间则被无限拓展，方寸屏幕之间实际是"天涯已成咫尺"。这一代中小学生的好奇心极强，同时在知识获取中呈现出碎片化、表面化等特征。加之中小学生尚处于认知与探索世界的初级阶段，理解力、注意力有限，审美心理处于成长期，世界观、人生观、价值观相对不成熟。基于这种环境，应以教育数字化、内容精准化、教育方式智能化、评价过程科学化等革新更好地服务作为"党之大计、国之大计"的教育事业，培养德智体美劳全面发展、担当民族复兴大任的时代新人。

立足信息化时代的"视觉转向"文化基点考察，利用优秀、适宜的影视戏剧教育资源开展中小学生影视戏剧教育，是加强中小学生社会主义核心价值观教育的时代需要，是落实立德树人教育根本任务的有效途径，是丰富中小学育人手段的重要举措。媒介技术革新带来的教育装备、技术、资源领域的观念创新、研究更新和应用拓展，为影视戏剧教育更好地服务教育教学提供了新的机遇。

第二节　影视戏剧教育政策的沿革及发展

影视戏剧作为高校的一门艺术类学科，有其自身的演变线索、建设路径、发展逻辑。纵观十多年来国家中小学生影视戏剧教育相关政策，从艺术教育到美育教育范畴的演进，体现了认识随实践的深化，也体现了影视戏剧教育在实现立德树人根本任务、提升中小学生人文素养过程中的专业性、普遍性和独特地位的不断凸显。国家政策从顶层设计角度指出加强中小学生影视戏剧教育的重要性、迫切性，尤其是新时代以来，党和国家出台系列政策措施规范和引领中小学生影视戏剧教育事业的健康发展。

一、教育部 国家发展改革委 财政部 文化部 国家广电总局联合发布《关于进一步开展中小学影视教育的通知》（教基〔2008〕15 号）摘要

（一）将影视教育纳入中小学教学计划，充分发挥优秀影片的育人功能

各地教育行政部门和中小学要把影视教育列入爱国主义和革命传统专题教育，保障每个中小学生至少每学期观看 2 次优秀影片，使观看爱国主义影视作品成为每个中小学生的"必修课"。**要把影视教育与各学科教学相结合，根据德育、语文、科学、历史、地理等学科教学的需要播放相关的影片，提高课堂教学的效果。**要把影视教育作为美育的重要内容，有条件的地区和学校可以开设影视教育的地方和校本课程，培养学生对影视作品的审美和鉴赏能力。

（二）采取多种方式，促进影视教育的均衡发展

鼓励各地将农村中小学影视教育纳入农村电影放映工程中统一规划实施。各地教育、文化、广电等部门要创造条件加强当地中小学与影片发行放映机构的联系，为中小学提供充足片源，充分利用学校现有场地放映数字电影或胶片电影。有条件的可组织学生到影剧院观看影片。

（三）加大支持和扶持力度，为影视教育提供保障

从 2008 年开始，进入农村义务教育阶段学校为学生放映的爱国主义电影所需经费从公用经费中开支。城市义务教育阶段学生的影视教育经费纳入公用经费开支范围。

二、中共中央办公厅、国务院办公厅印发《关于加快构建现代公共文化服务体系的意见》（2015 年 1 月）摘要

《关于加快构建现代公共文化服务体系的意见》明确提出要开展向中小学生推荐优秀影片等工作，把为中小学生每学期提供 2 部爱国主义教育影片纳入公共文化基本服务项目。2016 年 11 月，《中华人民共和国电影产业促进法》作为法律条文明确规定：国务院教育、电影主管部门可以共同推荐有利于未成年人健康成长的电影，并采取措施支持接受义务教育的学生免费观看，由所在学校组织安排。

三、教育部、中共中央宣传部联合印发《关于加强中小学影视教育的指导意见》（教基〔2018〕24 号）摘要

《教育部 中共中央宣传部关于加强中小学影视教育的指导意见》（简称《指导意见》）着重强调中小学影视戏剧教育与贯彻立德树人教育方针、加

强社会主义核心价值观教育的重大联系，提出将影视戏剧教育纳入教育教学计划、遴选推荐优秀影片、改善学生观影条件、拓展学生观影渠道、丰富影视戏剧教育活动、强化师资队伍建设、加强观影活动管理等举措。《指导意见》对影视教育的重要意义、工作目标、工作任务、保障措施、考核评价机制等方面作出全面规划指导，将党和国家在中小学开展影视教育的重要指导思想化作具体行动步骤，适应新时代教育教学需要，更具现实针对性和教学实践可操作性。

（一）中小学影视教育的重要意义

优秀影片具有生动、形象、感染力强等显著特点，蕴含着丰富的思想、艺术和文化价值。**利用优秀影片开展中小学生影视教育，是加强中小学生社会主义核心价值观教育的时代需要，是落实立德树人根本任务的有效途径，是丰富中小学育人手段的重要举措。**通过加强中小学影视教育，着力在坚定理想信念、厚植爱国主义情怀、加强品德修养、增长知识见识、培养奋斗精神、增强综合素质上下功夫，努力构建德智体美劳全面培养的教育体系，对于激发学生对党、国家和人民的热爱、增强对"四个自信"的理解与认同，对于从小养成良好思想道德、心理品质和行为习惯，形成正确的世界观、人生观、价值观，对于提高学生审美和人文素养，形成健康文明的生活方式等具有重要意义。

（二）中小学影视教育的工作目标

加强中小学影视教育，必须遵循中小学生年龄特点和认知规律，统筹影视教育资源，强化观影条件保障，完善工作协调机制，推动各地各校因地制宜开展影视教育活动，让中小学生在影视教育中感受世界、开阔视野、体验情感，促进身心健康和全面发展。**力争用3—5年时间，全国中小学影视教育基本普及，形式多样、资源丰富、常态开展的中小学影视教育工作**

机制基本建立，中小学生影视教育活动时间得到切实落实，适合中小学生观看的优秀影片得到充分保障，学校、青少年校外活动场所和社会观影资源得到有效利用，形成中小学影视教育的浓厚氛围。

（三）《指导意见》明确了中小学影视教育的主要任务

纳入教育教学计划。各地教育行政部门要会同宣传部门加强对中小学影视教育工作的指导，把影视教育作为中小学德育、美育等工作的重要内容，纳入学校教育教学计划，与学科教学内容有机融合，与校内外活动统筹考虑，灵活安排观影时间和方式，使观看优秀影片成为每名中小学生的必修内容，保障每名中小学生每学期至少免费观看两次优秀影片。有条件的地方可以开发影视教育的地方课程和校本课程，进一步丰富课程内容，优化影视教育的方式方法。

遴选推荐优秀影片。各地要注重遴选思想性、艺术性强，弘扬民族精神和时代精神，符合青少年身心特点和认知规律的优秀影片，推荐给广大中小学生观看。教育部将会同中共中央宣传部每年向全国中小学生推荐优秀影片片目，各地可优先从中选取影片进行放映。中国儿童少年电影学会要加强对儿童电影的创作指导，指导支持影视制片机构拍摄有益于未成年人健康成长的优秀电影。全国中小学生影视教育协调工作委员会要做好优秀影片的评选、推荐和促进发行等工作。国家电影数字节目管理中心要加强电影数字平台儿童专区建设，定期向影视制片机构征集优秀影片，建立少年儿童影片资源库，提供给农村、社区和校园院线进行放映。

拓展学生观影渠道。各地宣传部门要积极实施中小学生观影普惠计划，推动当地影片放映机构创造条件为城市中小学生开设电影专场，制订合理放映计划，科学安排场次和时间，精心组织观影活动。要组织农村放映队深入农村中小学校进行电影放映，实现农村学生免费观影活动全覆盖。要推动电视台相关影视频道，定期开展优秀影片展映活动，让学生在家也能欣赏到优秀影片。要组织开展特种电影公益放映活动，让盲、聋等残疾儿童少年与健全孩子一样，感受优秀影片魅力。

丰富影视教育活动。教育部、中共中央宣传部定期举办全国中小学生电影周活动和影视教育论坛。各地教育行政部门和学校要积极开展校园影视教育活动，通过电影赏析、电影评论、电影表演、电影配音、微电影创作、影视节（周）活动等，营造浓厚校园影视文化氛围，让中小学生在看电影、评电影、拍电影、演电影中收获体会和成长。要教育引导学生深入学习影视作品中的英雄人物、先进人物和美好事物，正确看待影视从业人员，不盲目追星。学校在组织开展重大节庆纪念日、主题班会、少先队、共青团、学生社团、社会实践等活动中，可利用优秀影片进行理想信念、革命传统、社会主义核心价值观、中华优秀传统文化等教育，增强教育活动的感染力和吸引力。

强化师资队伍建设。各地教育行政部门、宣传部门要结合中小学校影视教育工作的实际需要，将电影放映、电影理论、电影鉴赏、微电影创作等专业知识纳入中小学德育和校外教育教师培训内容，提高教师的艺术素养和审美能力，培养一批专兼职结合的影视教育教师队伍。邀请影视教育专家，通过建立学校影视教育工作室、开展电影主题讲座等形式，讲授电影知识，传播电影文化，提高教师开展影视教育的能力和水平。

四、《中共中央　国务院关于深化教育教学改革全面提高义务教育质量的意见》（2019 年 6 月印发）相关规定

《中共中央　国务院关于深化教育教学改革全面提高义务教育质量的意见》规定，坚持"五育"并举，全面发展素质教育，**具体措施包括结合地方文化设立艺术特色课程；广泛开展校园艺术活动；**鼓励学校组建特色艺术团队，办好中小学生艺术展演。

五、中共中央办公厅、国务院办公厅印发《关于全面加强和改进新时代学校美育工作的意见》（2020 年 10 月）摘要

《关于全面加强和改进新时代学校美育工作的意见》（简称《意见》）指出：美是纯洁道德、丰富精神的重要源泉。美育是审美教育、情操教育、心灵教育，也是丰富想象力和培养创新意识的教育，能提升审美素养、陶冶情操、温润心灵、激发创新创造活力。《意见》以习近平新时代中国特色社会主义思想为指导，全面贯彻党的教育方针，坚持社会主义办学方向，以立德树人为根本，以社会主义核心价值观为引领，以提高学生审美和人文素养为目标，弘扬中华美育精神，以美育人、以美化人、以美培元，把美育纳入各级各类学校人才培养全过程，贯穿学校教育各学段，培养德智体美劳全面发展的社会主义建设者和接班人。

（一）明确工作原则

坚持正确方向。将学校美育作为立德树人的重要载体，坚持弘扬社会主义核心价值观，强化中华优秀传统文化、革命文化、社会主义先进文化教育，引领学生树立正确的历史观、民族观、国家观、文化观，陶冶高尚情操，塑造美好心灵，增强文化自信。

坚持面向全体。健全面向人人的学校美育育人机制，缩小城乡差距和校际差距，让所有在校学生都享有接受美育的机会，整体推进各级各类学校美育发展，加强分类指导，鼓励特色发展，形成"一校一品""一校多品"的学校美育发展新局面。

坚持改革创新。全面深化学校美育综合改革，坚持德智体美劳五育并举，加强各学科有机融合，整合美育资源，补齐发展短板，强化实践体验，完善评价机制，全员全过程全方位育人，形成充满活力、多方协作、开放

高效的学校美育新格局。

（二）提出主要目标

到 2022 年，学校美育取得突破性进展，美育课程全面开齐开足，教育教学改革成效显著，资源配置不断优化，评价体系逐步健全，管理机制更加完善，育人成效显著增强，学生审美和人文素养明显提升。到 2035 年，基本形成全覆盖、多样化、高质量的具有中国特色的现代化学校美育体系。

（三）将戏剧、影视课程作为完善美育课程设置的重点

提出不断完善课程和教材体系、全面深化教学改革、着力改善办学条件、切实加强组织保障等要求，其中明确指出：

树立学科融合理念。有机整合相关学科的美育内容，推进课程教学、社会实践和校园文化建设深度融合，大力开展以美育为主题的跨学科教育教学和课外校外实践活动。

完善课程设置。学校美育课程以艺术课程为主体，主要包括音乐、美术、书法、舞蹈、**戏剧、戏曲、影视等课程。**

科学定位课程目标。构建大中小幼相衔接的美育课程体系，明确各级各类学校美育课程目标。

开齐开足上好美育课。严格落实学校美育课程开设刚性要求，不断拓宽课程领域，逐步增加课时，丰富课程内容。

深化教学改革。逐步完善"艺术基础知识基本技能 + 艺术审美体验 + 艺术专项特长"的教学模式。**在学生掌握必要基础知识和基本技能的基础上，着力提升文化理解、审美感知、艺术表现、创意实践等核心素养，帮助学生形成艺术专项特长。**成立全国高校和中小学美育教学指导委员会，培育一批学校美育优秀教学成果和名师工作室，建设一批学校美育实践基地，开发一批美育课程优质数字教育资源。推动高雅艺术进校园，持续建

设中华优秀传统文化传承学校和基地，创作并推广高校原创文化精品，以大爱之心育莘莘学子，以大美之艺绘传世之作，努力培养心灵美、形象美、语言美、行为美的新时代青少年。

丰富艺术实践活动。面向人人，建立常态化学生全员艺术展演机制，**大力推广惠及全体学生的合唱、合奏、集体舞、课本剧、艺术实践工作坊和博物馆、非遗展示传习场所体验学习等实践活动，广泛开展班级、年级、院系、校级等群体性展示交流。**加强国家级示范性大中小学校学生艺术团建设，遴选优秀学生艺术团参与国家重大演出活动，以弘扬中华优秀传统文化、革命文化、社会主义先进文化为导向，发挥示范引领作用。

配齐配好美育教师。各地要加大中小学美育教师补充力度，未配齐的地区应每年划出一定比例用于招聘美育教师。**有条件的地区可以通过购买服务方式，与相关专业机构等社会力量合作，向中小学提供美育教育教学服务，缓解美育师资不足问题。**鼓励优秀文艺工作者等人士到学校兼任美育教师。推动实施艺术教育专业大学生支教计划。全面提高美育教师思想政治素质、教学素质、育人能力和职业道德水平。优化美育教师岗位结构，畅通美育教师职业发展通道。将美育教师承担学校安排的艺术社团指导、课外活动、课后服务等第二课堂指导和走教任务计入工作量。在教学成果奖等评选表彰中，保证美育教师占有一定比例。

六、中共中央办公厅、国务院办公厅印发《关于进一步减轻义务教育阶段学生作业负担和校外培训负担的意见》（2021年7月）相关规定

《关于进一步减轻义务教育阶段学生作业负担和校外培训负担的意见》明确指出：科学利用课余时间，**开展阅读和文艺活动。**学校要制定课后服务实施方案，增强课后服务的吸引力。开展丰富多彩的科普、文体、艺术、

劳动、阅读、兴趣小组及社团活动。

七、教育部《义务教育艺术课程标准（2022 年版）》相关规定

《义务教育艺术课程标准（2022 年版）》明确，义务教育艺术课程包括音乐、美术、舞蹈、**戏剧（含戏曲）、影视（含数字媒体艺术）**，是对学生进行审美教育、情操教育、心灵教育，培养想象力和创新思维等的重要课程，具有审美性、情感性、实践性、创造性、人文性等特点。

第三节　人文素养与影视戏剧教育

一、人文素养的内涵探讨

人文素养指人文科学的研究能力和知识水平，人文科学体现出的以人为对象、以人为中心的精神，还有这种人文知识和技能的内化，是一种人的内在品质，是一个人成为"人"并发展为"人才"的内在精神品格。人文素养的灵魂是一种"能力"，其核心是对人类生存意义和价值的关怀，是一种追求人生和社会的美好境界。

习近平总书记在全国教育大会上强调，教育要做到"六个下功夫"，要在坚定理想信念、厚植爱国主义情怀、加强品德修养、增长知识见识、培养奋斗精神、增强综合素质上下功夫。这六点都与人文素养息息相关。在平衡高质的教育中，科学精神与人文精神不可偏废，人文素养的提升既是客观需要，也是价值追求，是解决教育领域复杂问题、根本问题、"老大

难"问题的一把钥匙，也是未来教育改革发展中新的战略制高点和最大增量。

人文素养教育是当今时代教育中不可忽视的一个重要课题。2018年9月，习近平总书记在全国教育大会上强调，要全面加强和改进学校美育，坚持以美育人、以文化人，提高学生审美和人文素养。[①] 这一重要论述，指明了新时代提高学生审美和人文素养的重要意义。早在2001年印发的《国务院关于基础教育改革与发展的决定》（国发〔2001〕21号）中，就第一次在基础教育领域提出了培养学生人文素养的要求。

站在"十四五"新的起点上，基础教育紧紧围绕"建设高质量教育体系"这一目标。《中共中央关于制定国民经济和社会发展第十四个五年规划和二〇三五年远景目标的建议》中提出要提高社会文明程度，推动形成适应新时代要求的思想观念、精神面貌、文明风尚、行为规范，推动理想信念教育常态化制度化。这些都与人文素养的提升密不可分。因此，提高学生的人文素养，不仅是促进学生全面发展、助力学生健康成长的需要，也是建设社会主义文化强国的切实要求。

随着时代的发展，人文素养的内涵和外延有了新的拓展，结合基础教育领域的改革发展形势任务，主要包含如下三个方面。

其一，家国情怀、爱国主义是人文素养的精神内涵。

家国情怀是一个人对自己国家和人民所表现出来的深情大爱，是对国家高度认同感、归属感、责任感和使命感的体现。2019年11月，中共中央、国务院印发了《新时代爱国主义教育实施纲要》，指出爱国主义是中华民族的民族心、民族魂，是中华民族最重要的精神财富，是中国人民和中华民族维护民族独立和民族尊严的强大精神动力。现行《宪法》也将"在人民中进行爱国主义、集体主义和国际主义、共产主义的教育"写入第

---

① 王嘉毅.扎实推进新时代学校美育高质量发展［EB/OL］.（2023-12-28）［2023-12-29］. http://www.moe.gov.cn/jyb_xwfb/moe_176/202401/t20240108_1099020.html.

二十四条第二款，可见新时期爱国主义教育的重要地位。在新时代背景下，家国情怀、爱国主义这一精神内涵不断丰富。在纪念五四运动100周年大会上的重要讲话中，习近平总书记指出："对新时代中国青年来说，热爱祖国是立身之本、成才之基。当代中国，爱国主义的本质就是坚持爱国和爱党、爱社会主义高度统一。"① 这一重要论述，不仅强调了家国情怀对培养新时代中国青年的重要意义，也进一步点明了爱国主义的本质。

中国共产党领导是中国特色社会主义最本质的特征，祖国的命运与党的命运密不可分。中国共产党自成立以来，不仅以爱国主义团结凝聚最广大人民群众，而且成功地将爱国主义情感转化为救国救民、强国富民的理性实践，是爱国主义精神最忠诚的弘扬者和实践者。爱国和爱党、爱社会主义高度统一于实现中华民族伟大复兴的历史实践之中。中小学生是整个社会中最朝气蓬勃的一股力量，是国家的希望与民族的未来，培养人文素养要从小抓起，其关键就是要从小树立少年儿童的爱国主义精神，通过教育在潜移默化中孕育、传承家国情怀。

其二，道德与法治是人文素养的基本内容。

法治素养的提升是人文素养培育工作的支撑与引领。道德与法律相互作用、相互渗透、相互依赖，以维护社会秩序为共同目的。道德是以善恶评价的方式进行社会调节的规范手段和人类自我完善的实践精神，法律则是由国家强制力保证实施的调整权利义务关系的社会规范。道德品质是个人在道德行为中所表现出来的比较稳定的、一贯的特点和倾向，是一定社会的道德原则和规范在个人思想和行为中的体现。习近平总书记曾指出："一个人只有明大德、守公德、严私德，其才方能用得其所。"② 法治观念是

---

① 习近平.习近平：在纪念五四运动100周年大会上的讲话［EB/OL］.（2019-04-30）［2023-12-29］. https://www.gov.cn/xinwen/2019-04/30/content_5387964.htm?eqid=aec5ef140002e23000000006646c6665.

② 李兆杰.崇尚共产党人的大德公德私德［EB/OL］.（2021-04-08）［2023-11-13］. http://theory.people.com.cn/GB/n1/2021/0408/c40531-32072557.html.

一个人对法律的性质、地位、作用等问题的认识和看法，其实质是法律至上、以法治国的理念、意识与精神。习近平总书记在中央全面依法治国工作会议上强调，要加强青少年法治教育，不断提升全体公民法治意识和法治素养。^① 中共中央印发《法治社会建设实施纲要（2020—2025年）》强调，法治社会是构筑法治国家的基础，法治社会建设是实现国家治理体系和治理能力现代化的重要组成部分。加强青少年法治教育工作是落实习近平总书记和党中央部署要求的政治责任，也是落实宪法法律规定的法治责任，是适应新时代人民群众更高需求的社会责任。

青少年法治教育是思想品德教育的基础工程，是提高公民法治意识的重要阵地。法治素养的提升是人文素养培育工作的支撑与引领。青少年时期的法治素养教育是提高公民法治意识的重要环节，是培养合格公民的重中之重。中小学阶段是人一生中的黄金时期，中小学生宪法意识和法治素养的培养显得尤为关键和重要。自党的十八届四中全会提出将法治教育纳入国民教育体系以来，青少年法治教育的重要性日益彰显。学习宪法和法律，增强法治意识，提高法治素养是我国全面推进依法治国进程中的重要任务。近年来，教育系统坚持以习近平法治思想为指导，持之以恒加强青少年宪法法治教育，取得了明显成效。加强青少年法治教育，使广大青少年学生从小树立法治观念，养成自觉守法、遇事找法、解决问题靠法的思维习惯和行为方式，是促进青少年健康成长、全面发展，培养社会主义合格公民的客观要求。

新时代背景下，培育青少年人文素养应紧扣住德育和法治教育。一方面要深入分析当前德育工作面临的新形势、呈现的新特征，对标新要求，面对新挑战，不断提升中小学德育工作的针对性和实效性，另一方面要结

---

① 习近平在中央全面依法治国工作会议上发表重要讲话［EB/OL］.（2020-11-18）［2023-11-13］. http://www.cppcc.gov.cn/zxww/2020/11/18/ARTI1605664506996103.shtml?eqid=ad0c1cf1006a3d130000000264576622.

合《青少年法治教育大纲》，把习近平法治思想融入学校教育，纳入教学体系，切实提升新时代青少年的法治意识。

其三，文学素养是人文素养的重要体现。

文学素养是指一个人或组织在文学创作、交流、传播等行为及语言、思想上的水平，是影响学生发展的核心人文素养之一，也是关涉国家教育竞争力的重要因素。阅读素养是文学素养的重要组成部分，是对书写文本的理解、运用和反思的能力。2016 年《全民阅读"十三五"时期发展规划》正式发布，2017 年《全民阅读促进条例》正式发布。2019 年，习近平总书记在甘肃考察时指出，"人民群众多读书，我们的民族精神就会厚重起来、深邃起来"①。《中华人民共和国国民经济和社会发展第十三个五年规划纲要》指出，要推动全民阅读，将全民阅读提升到国家战略。《中华人民共和国国民经济和社会发展第十四个五年规划和 2035 年远景目标纲要》强调，深入推进全民阅读，建设"书香中国"，将深入推动全民阅读作为完善公共文化服务体系的重要举措。近年来，全民阅读已作为一项重要的国家战略予以坚持并一以贯之。自 2014 年起截至 2023 年，全民阅读近十年连续被写入国务院《政府工作报告》。培养良好的阅读习惯和阅读素养要从小开始，要从娃娃抓起。随着通信与网络技术的快速发展与应用，阅读载体、介质与场景日益多元化，我国国民的阅读习惯、行为、偏好、整体的阅读生态在科技创新驱动下悄然改变，数字阅读已然成为国民主流的阅读方式之一，如何在全媒体时代借助新技术装备手段的力量提升中小学生的阅读素养、文学素养、人文素养，是我们需要共同探讨的问题。

其中，语言素养是文学素养的重要组成部分。周有光先生曾说："语言使人类别于禽兽，文字使文明别于野蛮，教育使先进别于落后。"可以说，语言、文字凝结着一个民族的风格，承载着一个国家的气度，彰显着一个

---

① 王晗，王辉.开卷有益：跟总书记一起"多读书"［EB/OL］.（2019-08-23）［2023-11-13］.http://china.chinadaily.com.cn/a/201908/23/WS5d5f80cda31099ab995db30f_1.html.

时代的独特魅力。语言是文化的重要载体，而文化也通过语言文字得以传承和发展。可见，语言文字是人类最重要的交际工具和信息载体，是文化的基础要素和鲜明标志，是促进历史发展和社会进步的重要力量。语言文字不仅是信息传递方式，更承载了爱国思想、文化认同的精神意蕴。语言文字应用能力是人类生存和发展必需的基本能力，是综合素质的重要构成因素，是实现人的现代化的基本要求。提高国民语文素养与应用能力，对于人才强国建设和人力资源强国建设、基本实现教育现代化具有基础性作用。

中小学生语言文字素养培育事业具有基础性、全局性、社会性和全民性特点，是国家文化建设和社会发展的重要组成部分，事关历史文化传承和经济社会发展，事关国家统一和民族团结，事关国民素质提高和人的全面发展，在国家发展战略中具有重要地位和作用。构建中华民族共有精神家园，提高国家文化软实力，加快推进教育现代化，都对语言文字素养培育事业提出了新的要求。因此，从树立和增强高度的文化自觉和文化自信角度，努力推进中小学生语言文字素养培育事业全面发展，将为实现中华民族伟大复兴中国梦提供重要力量。

同时我们也关注到，新时代背景对中小学生语文素养培育工作有新要求。《中共中央关于制定国民经济和社会发展第十四个五年规划和二〇三五年远景目标的建议》提出了教育工作的新目标。其中，第四十四条指出，要全面贯彻党的教育方针，坚持立德树人，加强师德师风建设，培养德智体美劳全面发展的社会主义建设者和接班人。"守正"和"创新"是对立统一的重要辩证关系，这也是中小学生语文素养培育工作的基本方法论指引。

所谓"守正"，就是要坚持以人为本，把提高国民语文素养与应用能力作为促进人的全面发展的重要内容。通过推广普及国家通用语言文字，规范语言文字的社会使用，提供并不断完善语言文字社会公共服务体系等具体举措，切实保障《中华人民共和国国家通用语言文字法》所赋予的公民学习和使用国家通用语言文字的权利，为公民学习和正确使用国家通用语言文字创造条件。

所谓"创新"，即中小学教学领域应不断进行创新尝试，以提升教学活力。教育部等八部门发布了《关于进一步激发中小学办学活力的若干意见》（简称《意见》），对新兴的多种教育装备手段进行引导。《意见》中提到，要推动少年儿童优秀文化产品繁荣健康发展，面向社会遴选一批、组织专家创作一批、突出重点培育一批优秀图书、歌曲、影视、动漫等文化精品，丰富少年儿童精神文化生活。

在多种教育形式与方式中，学校教育是培育中小学生语文素养的主阵地。我们从教材、课程设置、课堂教学等方面正本清源，加强规范，以"教"促"学"，以课堂辐射课外。积极与中央广播电视总台联合举办《中国汉字听写大会》《中国成语大会》《中国诗词大会》，开展中华经典诵写讲行动、书法名家进校园等活动，引导青少年亲近传承中华优秀传统文化。其中，《中国诗词大会》第四季收视观众近 4 亿，视频播放量和微博阅读量超 6.67 亿次。举办的"中华经典诵写讲大赛"以"传承中华优秀文化，礼赞伟大时代精神"为主题，也是提升中小学生人文素养的新方法、新路径。

总之，人文素养是一个融合、整体的概念，是一种人的内在精神品格。人文素养内涵丰富，涉及爱国主义、家国情怀、法治素养、道德素养、文学素养、阅读素养、艺术审美等诸多方面。提高中小学生的人文素养，是促进学生全面发展、发展高质量教育、建设社会主义文化强国的切实要求。

二、人文素养与基础教育

习近平总书记在二十大报告中提出："推进文化自信自强，铸就社会主义文化新辉煌。"①2018 年，在全国教育大会上，习近平总书记强调："要全

---

① 习近平.习近平：高举中国特色社会主义伟大旗帜 为全面建设社会主义现代化国家而团结奋斗——在中国共产党第二十次全国代表大会上的报告［EB/OL］.（2022-10-16）［2023-11-13］. https://www.gov.cn/xinwen/2022-10/25/content_5721685.htm.

面加强和改进学校美育，坚持以美育人、以文化人，提高学生审美和人文素养。"①

在基础教育领域，人文底蕴和人文素养是核心素养框架体系中的重要组成部分，从中小学的学科设置来看，与人文素养培养较为相关的是语文、外语、历史、道德与法治等学科。人文素养的内涵与意义不仅仅在于积累知识，其人文底蕴铺陈了人生的底色，是我们迈向"立德树人"这一教育根本任务不可或缺的重要一步。

课程教材是基础教育立德树人的基础性工程，是学校教育教学的基本依据，是支撑教育质量大厦的顶梁柱。课程教材体现国家意志，是解决培养什么人、怎样培养人和为谁培养人这一根本问题的重要载体，直接关系到亿万青少年学生的健康成长成才，直接关系党的教育方针落实和教育目标实现。研讨人文素养和影视戏剧教育，也启发我们思考从课程资源的角度，怎样提升中小学生的人文素养，以及影视戏剧教育对于基础教育改革的独特价值。从中小学的学科设置来看，与人文素养培养较为相关的是语文、外语、历史、道德与法治等学科，教育部近年来组织语文、历史、道德与法治这三科教材的统编工作。这三科教材的意识形态属性强，是国家意志和社会主义核心价值观的集中体现，具有特殊重要的育人作用，同时也适应基础教育发展新要求。我国基础教育已进入以质量为核心的新阶段，在巩固提高普及水平的基础上，聚焦抓质量、抓内涵。提高教育质量，抓好教材是基础。

影视教育课程资源的编写需要遵循一些原则，其中最重要的有两条原则，首先，需坚持正确的政治方向，坚持以习近平新时代中国特色社会主义思想为指导，全面融入社会主义核心价值观，弘扬中华优秀传统

---

① 习近平出席全国教育大会并发表重要讲话［EB/OL］.（2018-09-10）［2023-11-13］. https://www.gov.cn/xinwen/2018-09/10/content_5320835.htm?eqid=9b21c7570004f21300000003647013b7.

文化、革命文化和社会主义先进文化，让学生都有一颗中国心，都有满满的中国情，自觉做德智体美劳全面发展的社会主义建设者和接班人。其次，遵循青少年认知规律和教育教学规律。贴近学生思想、学习、生活实际，精选基本学习内容，既关注学生全面发展，又关注学生个性发展，这应是贯穿在影视戏剧教育课程编写、教育技术与资源发展中的重点。

总之，从服务立德树人教育根本任务出发，培育新理念，构建新格局，创设新模式，应从五育并举、强化素质的高度去定位、认识和把握影视戏剧教育。坚持德育为先，强化政治思想素质，培根铸魂，以数字化技术为抓手，充分发挥影视戏剧教育资源赋能少年儿童人文素养提升的独特优势，探索一条符合教育教学规律、少年儿童喜闻乐见、有效支撑文科教育和德育教育的方式路径。

三、人文素养与影视戏剧教育

影视戏剧教育不仅是加强中小学生德育美育、培育爱国主义情怀、培养文化自信、弘扬社会主义核心价值观的重要阵地，还有利于增强中小学生创新创造、开放合作等能力，让德育、美育、文科教育"入脑入心"，提升中小学生人文素养和综合素质。2022年，教育部颁布的《义务教育艺术课程标准（2022年版）》明确，戏剧（含戏曲）、影视（含数字媒体艺术）课程因其具有审美性、情感性、实践性、创造性、人文性等价值和特点，被明确纳入义务教育的重要艺术类课程，作为对学生进行审美教育、情操教育、心灵教育，培养想象力和创新思维等的重要内容资源及有益形式。

影视戏剧教育首先是一种内容教育，影视视听语言的理解和运用已逐步成为现代人生活中必不可少的一项技能，对于培养青少年创造力、人文素养、开放合作能力愈加重要。优秀影视戏剧教育资源蕴含了深厚的理想信念、爱国主义、革命传统、社会主义核心价值观，可以使德育教育、文科教育润物细无声地入脑入心，有效提升中小学生的人文素养。

影视戏剧教育也是中小学生喜闻乐见的获取信息的方式。影视作品在形式上具有以叙事和情感影响人的特点，在塑造学生世界观、人生观、价值观及道德品行等方面有着潜移默化的渗透和内化作用，可以通过声音、画面、故事情节等美学表现形式传达信息。尤其是可以让孩子参与其中的表演、拍摄，让孩子们可以身临其境，获得沉浸体验和心灵震撼，其独特的育人价值优势不言而喻。同时，影视戏剧教育是信息化时代技术发展的客观需要和必然趋势，是对新时代青少年信息获取需求的积极回应。随着信息网络的迅猛发展，中小学生接受信息的路径发生了显著变化，运用影视戏剧教育的装备技术手段来培育学生的人文素养是推进教育现代化的有益尝试，具有重要的现实意义。

影视戏剧教育资源课程开发、技术装备配备、师资培养等都是亟须研究的领域，如何通过开展有效的影视戏剧教育不断回应时代的新要求，与时俱进，始终走在前端，引领学生增强人文素养、道德素养与综合素养既是一项重要的理论政策研究课题，也是一道必须作答的重要教育教学实践命题。例如，近年来在法治教育工作中，影视戏剧教育既是一种重要资源，也是一种重要手段。影视戏剧教育寓教于乐，在全面培养中小学生法治思维，全方位提升中小学生法治素养、人文素养以及综合素养等方面发挥了重要作用。全国青少年法治教育示范基地的实践经验表明，通过模拟法庭、法治戏剧表演、观看并点评法治类电影等形式，增强法治教育的情景性、趣味性、互动性，让孩子们轻松、愉快、高效地学习法治知识，潜移默化地培育其法治理念。

第四节　人文素养及影视戏剧教育研究与应用指南

一、政策背景

为贯彻落实《中共中央　国务院关于深化教育教学改革全面提高义务教育质量的意见》《教育部　中共中央宣传部关于加强中小学影视教育的指导意见》等政策文件要求，充分发挥影视戏剧教育在促进中小学生德智体美劳全面发展中的重要作用，提高学生审美及人文素养，推进中小学生阅读素养、人文素养及影视戏剧教育研究课题项目，教育部教育装备研究与发展中心中小学生人文素养及影视戏剧教育研究课题项目组研制了中小学生人文素养及影视戏剧教育研究与应用指南。

二、创建指引

第一，把影视戏剧教育作为中小学德育、美育等工作的重要内容和提升中小学生人文素养的重要手段、载体和资源，纳入学校教育教学计划，与学科教学内容有机融合，影视戏剧教育系统课程开课的学段覆盖率达三分之一以上。教学秩序稳定，教学效果良好，教师、家长和学生的反馈意见良好。

第二，校园人文素养和影视戏剧教育展示区位置明显，布置具有艺术气息，素材丰富，观赏性强。影视戏剧教育成为学校的重要办学特色。

第三，拥有具备校园文化特色的影视戏剧艺术团，长期开展有规律的艺术创作活动。

第四，有多种形式的课题项目研究及实践成果，包括学术论文、研究报告、作品总结说明等，鼓励学校以优秀原创作品为结项成果。

第五，完成与系统课程相配套的软硬件设施建设，并交付使用。

第六，完成专业化摄制、演出场所和相关配套设施建设，具备主办区域性展映、展演、竞演活动的能力。

第七，有承办全国、区域展演的意愿和组织能力；至少主办一次区域性展演竞演活动或学术论坛会议；校内传帮带气氛浓厚，具备良好的自主创新能力和区域示范共享效益。

第八，每校每年至少组织 5 名教师参加 2 次国家认可的重点师范类院校组织并颁发证书的教师培训研修班。

三、影视戏剧教育课程资源建设总体指引

第一，以习近平新时代中国特色社会主义思想为指导，树立学科融合理念。课程以习近平新时代中国特色社会主义思想为指导，扎根中国、融通中外，体现社会主义核心价值观，格调高雅，凸显中华美育精神，充分体现思想性、创新性、实践性。加强美育与德育、智育、体育、劳育相融合，充分挖掘和运用各学科蕴含的体现中华美育精神与民族审美特质的心灵美、语言美、行为美、艺术美等理念，有机整合相关学科，特别是文科、德育内容，推进课程思政和校园文化建设深度融合，并以此为基础，大力开展以德育美育和文科相融合为主题的跨学科教育教学。

第二，促进影视戏剧教育、德育和文科教育相融合的课程体系建设。依据影视戏剧教育可显性结合"课程思政"和"五育并举"的特点，利用影视戏剧情境化创作手段提升支撑德育和文科课程的教学效果。特别是在培养学生建立爱党爱国爱社会主义高度统一的思想、传承红色基因、深化"四史"学习、树立远大理想抱负等方面有较好的教学效果。

第三，组织研发影视戏剧教育地方课程和校本课程。根据学生年龄特点和身心成长规律，围绕课程目标，精选教学素材，丰富教学资源。课程体系高度结合习近平新时代中国特色社会主义教育观和文艺观，按照学生年龄特点，循序渐进，难易适度，兼顾教育公平和鼓励特长的原则，分阶段由以下五门课程组成：影视赏析、影视制作、立体阅读、立体写作和创意表演。

四、创新课程建设具体指引

第一，影视赏析和影视制作是系统课程的入门必修课程，也是系统课程的特色专业课程。可在小初高任意年级开设（其中小学阶段开设"影视制作"建议放在高年级），建议周课时为1—2课时。影视赏析和影视制作具体指引如下：

（1）建立一套完整的即插即用式多媒体视频网课体系。

（2）兼顾授课内容的专业性和授课形式的灵活性与生动性，深入浅出。

（3）培养并启发当代中小学生所必备的视听鉴赏能力和视听表达能力。

（4）理论与实践结合的教学方式，让学生具备基本的视频短片拍摄制作能力。

（5）以网课为主要教学形式，经培训后，文科或艺术教师可兼任。

第二，立体阅读和立体写作与创意表演是系统课程的入门必修课程，是贯穿小初高全阶段的可在任意年级开设的课程。建议周课时为1—2课时。

立体阅读和立体写作具体指引如下：

（1）高度结合语文课本，开课难度较低，可提高学生的语文成绩。

（2）帮助建立戏剧思维，切实丰富学生的感受力和想象力。

（3）传授戏剧观察法，以提升学生捕捉生活细节的能力。

（4）掌握正确的将文字和视觉信息转化为情境的能力，并能建立起基本情境。

（5）传授戏剧撰写法，以提高学生的文字表达能力。

（6）无须建设额外的硬件设施。

（7）经培训后文科教师可兼任。

创意表演具体指引如下：

（1）教授戏剧表演的基本审美和方法技巧。

（2）结合课本或课外读物，提高学生对戏剧教育的理解，并通过戏剧创作，增加对艺术的热爱。

（3）充分激发学生潜能，促进形成健康成熟的人格。

（4）通过创意表演练习，提升学生表现力和创造力，培养学生创新意识和创新能力。

（5）有较高的成果显示度，通过汇报表演显性呈现教学成果。

五、教学软硬件建设指引

（一）设立校园人文素养和影视戏剧展示区

展示区作为试验校的主要标志之一，应具备以下功能：

第一，学校开展人文素养和影视戏剧教育的标语展示。

第二，短期目标和长期远景目标展示。

第三，目前已取得的教学成果展示。

第四，指导专家和师资团队展示。

第五，优秀学员展示。

第六，带有影视戏剧教育元素的物件展示。

（二）建设专业化摄影棚和戏剧教室

有条件的试验校可依托现有礼堂、教室等改扩建场地，发挥影视戏剧装备资源的作用，配合学校开展影视戏剧教育系统课程。参考标准如下：

第一，面积不小于 400 平方米，能够容纳至少 80 人的宽敞空间。

第二，有整洁的、可脱鞋进入的木质地板或软地胶。

第三，可用帘子进行遮挡的、等同于一面墙大小的镜子。

第四，两面非镜子墙前设有芭蕾把杆。

第五，一整套标准化戏剧积木教具。

第六，80 张软积木座椅。

第七，储藏柜若干。

第八，在教室内划分出一块不小于 50 平方米的镜框式舞台，高度应高于地面 10—20 厘米。

第九，镜框式舞台应配有简单的灯光和音响设备。

第十，一套完整的影视拍摄器材和录音设备。

（三）建设专业化演出场所

为保障试验区人文素养影展及戏剧节和区域人文素养展演的顺利进行，试验校可依托现有校园礼堂、阶梯教室等改扩建场地，有条件的试验校应建造符合校园特点、具备基础灯光音响系统的专业化放映和演出场所。

六、师资队伍建设指引

优秀的师资是创新人文素养和戏剧影视教育系统课程的前提和基础，各试验校应重视相关师资的遴选和培养，逐步提高学校的校本课程开发能力和师资队伍水平，以参加"专业培训＋校内传帮带"方式组建一支与系统相适应的教师队伍。参考标准如下：

（一）成立系统课程教学研究组

系统的特点在于既有延续性，又相对独立。试验校可结合自身软硬件水平逐步开课，也可根据学生实际水平选择课程、决定教学进度。建议组建由 3—4 人构成的教研组主持系统课程的开展，确保课程的科学性和稳定性。

（二）配备 1—2 名具备影视戏剧专业指导能力的教师

第一，有意愿教授影视赏析、影视制作、立体阅读、立体写作和创意表演等课程的教师；有影视戏剧行业表、导演实践经验或指导经验，影视戏剧专业毕业生优先。

第二，思想政治观点正确，熟悉校园文化艺术特色，排演的作品能高度结合学生水平和特点，体现社会主义核心价值观。

第三，有一定的剧本改编和撰写能力。

第四，建议由专任教师担任。

七、青少年学生人文素养及影视戏剧教育实践基地建设指引

第一，与中小学影视戏剧教育课程、影视戏剧教育资源教室建设相配套，作为影视戏剧教育的"延伸课堂"。

第二，以人文素养提升为主要目的，以影视戏剧教育为主要内容，以多种形式的教育教学方式为手段。

第三，突出体验性、互动性、参与性和实践性。有机融合影视文化、影视制作、教育活动，兼容"文化、教育、公益、创作、活动、体验"等功能。

第四，充分运用信息化、多媒体技术手段，整合现有优质影视制作技术，打造"观影、体验、参与、互动、创作"一体化的实践基地。

第五，研发适用于实践基地的中小学影视戏剧教育内容资源、设备配

备等。

第六，提炼基地管理经验，探索可持续、可延伸、可推广的中小学影视教育实践基地标准化经验和运行模式。

第七，在影视戏剧教育实践课程资源体系基础上，遴选中小学影视戏剧教育实践实验示范基地，充分发挥示范基地在推动党和国家相关政策落地中的引领辐射作用。

八、影视戏剧活动及教学成果展示指引

（一）打造原创校园影视戏剧精品

原创和改编校园影视戏剧精品展演是系统教学成果和人文素养成效展示的最佳呈现形式。各试验校应在省级中小学生阅读素养教育研究中心指导委员统筹、工作委员组织下积极开展校园文化形象名片建设工作，三年内逐步推出小学阶段不少于 20 分钟、初高中阶段不少于 1 小时的精品舞台剧或微电影，展现新时代学生的精神面貌。紧扣主旋律、弘扬社会主义核心价值观，第一年改编、新创一部红色主题微电影或舞台剧。三年间创作一部原创校园电影或大型舞台剧精品，并成功打造出具有区域乃至全国影响力的校园影视和戏剧成果。

（二）积极组织、参与教育成果集中展示活动

试验区每年在区域内组织由各试验校参与的较大规模的人文素养与艺术展示季，以竞赛或展演形式集中展示影视赏析、影视制作、立体阅读、立体写作、创意表演等教学场景形态的优秀案例，举办诸如微电影节、读书节、艺术节、戏剧节、嘉年华、文化快闪等形式的活动，邀请专家学者点评，并对下一年的工作开展提出更高目标和要求。联合主办、承

办或积极参加资源中心组织开展的"传承红色基因，讲好中国故事"等系列教育活动。原创校园电影或舞台剧精品在区域性展演竞赛中获得较好名次。

（三）着力提高学术交流水平

定期组织跨区域或全国性的人文素养及影视戏剧教育交流节，集中展示全国范围内的优秀案例，邀请一流高校和专业艺术院团的专家学者开展学术研讨活动，讨论中小学人文素养与影视戏剧教育，影视戏剧教育与德育、文科学科融合教育等领域热点、难点及前瞻性议题。把握该学科及领域专业发展方向，形成多形式、高水平、具有引领作用的学术成果。

九、保障措施指引

（一）组织保障

中小学生人文素养及影视戏剧教育研究课题项目职责：

第一，组建结构合理的专家团队，组织专家团队对项目进行顶层设计和项目全程的策划、指导。

第二，参与遴选试验区、试验校、示范校、优秀授课教师和试验区实践基地，进行课例资源的策划、实践指导、活动评议及专家点评等资源建设工作。

第三，开展云平台常规建设和维护，项目开展过程中提供技术需求处理与技术支持等服务。

第四，协助试验区实践基地进行云平台操作指导、答疑，协助策划、组织、开展教研活动。

第五，与教育行政部门保持密切联系，随时沟通项目实施情况；与实践基地、高等学校领导组成工作团队，协力推进项目实施。

第六，在总课题项目组指导下对项目进行全程质量监控，同时进行项目实施过程与成果的评估。

试验区职责：

第一，成立试验区管理小组及试验校项目领导小组，明确责任人，制订工作计划、全程跟进项目实施，以保障项目顺利进行。

第二，根据课题项目组的规划安排，保质保量完成本试验区及试验校教学实践、教师研训、课例开发、活动组织等任务。

第三，与课题项目组保持密切联系，及时反馈项目实施进度和遇到的问题，共同商讨解决策略。

第四，积极开展校本教研，引领非试验校及非试验校教师参与教研活动，配合项目专家及课例指导专家工作，为课例研磨提供软硬件支持。

第五，提供硬件及技术支持，保障大型活动、教师培训工作的顺利开展、课例视频的顺利录制等。

（二）技术保障

构建基于人文素养和影视戏剧教育的智能云端平台，其中基础支撑服务平台通过采用最新的网络通信技术、软件定制及复用技术、信息安全技术，将划定区域各类管理机构、业务部门和学校的基础数据，同步生成的动态业务数据等存储于云端进行统一管理，为教育决策提供有力支持；教育管理公共服务平台建设省级学生数据库、教师数据库、学校资产及办学条件数据库，积累基础资料，掌握总体状况，加强动态监测，提高管理效率。

（三）专家团队保障

由总课题项目组统筹、中小学生人文素养与影视戏剧教育研究课题项目组织组建结构合理、经验丰富、全学科覆盖的专家团队，全程指导课例资源建设。专家团队由国内知名教育专家学者、国内一线名师、本地名师按照 1:1:1 比例组成。专家团队由学科首席专家领衔，全面负责顶层设计、过程指导和课例点评等工作。

第二章

媒介技术发展下中小学生
影视教育的需求导向、
创新价值与路径探索

在如今互联网推动媒介技术革新的背景下，影视教育正以一种教育技术与资源高度融合的样态，由高校艺术专业学科教育的范畴向中小学校拓展。新技术不仅带来实践应用的新材料、新工具、新方法，还以更广阔的视野推动知识内容更新与思维范式的转变，在理论研究和实践层面不断开拓新的命题，进而产生与之相应的新的认知模式、社会心理和文化结构。对作为"互联网原住民"一代的中小学生来说，影视教育独有的媒介特性、表现形态和创新价值，与中小学生身心成长的特点和认知规律十分契合，在推动中小学生德育、学科教育发展方面有着特殊优势。

第一节　互联网语境媒介技术发展下中小学生影视教育的新要求

首先，从内容上看，影视作品是文化承续的重要载体。漫溯千年人类文明，影视作品根植于悠久的中华文化脉络，具有宏大的创作框架和丰富的内涵底蕴，既有历史叙事，也有当代探讨、现实观照，视觉表达的可塑性强、题材丰富，涉及摄影、戏剧、音乐、绘画、文学、哲学、心理学、社会学等多领域知识。优秀、适宜的中小学影视教育资源具有透视时代生活的多重意义，其中蕴含的家国情怀、人性道德、理想奋斗、成长发展等内容对中小学生具有正向的积极引导作用。

其次，从形式的角度看，影视是形、声、光、色多角度的高度融合，较之线性抽象的文学和音乐形式更加立体多维，较之美术、雕塑等空间艺术又多了时间流动性。动态的影视媒介具有感官全覆盖功能，充分调动中小学生的视觉、听觉、触觉等多重感官，影视作品善于通过画面、声音、线条、光线、色彩、构图、长镜头、字幕、蒙太奇、故事情节等美学表现形式传达信息，涉及编剧、导演、表演、造型、舞美、后期剪辑制作等多元要素，很容易吸引中小学生参与到影视的话题情境中。

"观"和"评"是目前中小学影视教育最为普遍的形式，影视媒介特性塑造的"现场感"是其充分发挥教育功能的独特优势。如今，**置身"互联网＋"语境，中小学影视教育不仅于此，信息化与媒介技术发展向中小学影视教育提出了更高的要求——从"现场"到"在场"**。基于此，《教育部 中共中央宣传部关于加强中小学影视教育的指导意见》在政策层面提出了更高的要求，要"营造浓厚校园影视文化氛围，让中小学生在看电影、评电影、拍电影、演电影中收获体会和成长"。

一方面，互联网和媒介变革突破了时空阻隔，成为普泛的时代背景和社会语境，改变了人类的时空观、当今社会的信息传播秩序，某种程度上提供了观点交流和多元意见竞争的技术、平台和机制，揭开了传统的"权力之幕"，改变了单向传递、隐含话语权力控制的"传—受"灌输式教育模式，消解了一些先赋、强制型的互动模式。虚实交融、海量信息、多媒体融合、便捷参与、实时互动的互联网环境打破了信息获取的壁垒、降低了门槛，促进了话语权的再分配，形成多方主体参与的相对平等、共享、开放的对话场域。在移动互联网时代，"媒介"有其本体意义，不仅是信息、艺术、情感的载体，还是一种新的交往主体。在这一背景下，新媒体强大的媒介功用及其在社会各领域的广泛应用，进一步激活了人们倾诉、参与和表达自我的欲望，培养出泛参与和强互动的信息交互习惯。这种信息交互习惯在教育领域表现为教育主体观念和路径的革新，教育者在课堂上先赋性的权威式微，"一本书、一支笔、一张嘴"式枯燥、单调的传统课堂逐渐退场。学生作为教育主体的意识觉醒，单向的灌输式教育逐渐转变为多面向的互动影响，"教"和"学"的传统边界变得模糊，双方走向相互探讨式的教学模式。具体到中小学的影视教育，如今个体更多以影像传达、表现以及评价的自媒体形式存在。除了观者视角的"看"，参与、沉浸、具身、开放、互动等关键词成为媒介环境革新下的新需求，学生在参与式的影视教育中扮演创编、拍摄、导演、剪辑等多种角色，在"我"与作者、"我"与角色、"我"与想象之间不断转换身份，"我"的身份被不断地改造和组建。

另一方面，如今移动互联网、信息技术赋予影视传播更为辽阔的时空语境，为更加多元开放的中小学影视教育提供了技术层面的可能性。借助新媒体和新视觉技术，影像可实现高度的虚拟化，为场景和事件多重、逼真的呈现提供了支撑，可以表征更为丰富、复杂、变化的事件和人物，并强调多种时间进程的形象以及意义关系。影像全方位逼真、动态地再现了自然景观、社会生活、历史文化、科技知识等，还大大拓展了视觉想象力空间。现场感赋予了内容极强的"生命力"，更加直观、具体、生动、形象、极富表现性和感染力，更容易实现信息的有效传播，以此实现"知—信—行"的深度教育功能。

第二节　从"现场"到"在场"：当下中小学生影视教育的独特优势与创新价值

在教育教学实践中，互联网时代媒介技术发展下中小学生影视教育正面临从"现场"到"在场"的转向，其独特优势与创新价值具体体现在以下方面：

一、影视教育是支撑中小学生德育的资源富矿和有效手段

培养什么人，是教育的首要问题。教育培养的是德智体美劳全面发展

的社会主义建设者和接班人，是担当民族复兴大任的时代新人。这其中，德育发挥着举足轻重的作用。人无德不立，育人的根本在于立德。在促进德育方面，影视教育是支撑中小学德育的有效创新手段。较之于传统德育中常见的说理、命令、辅导等线性单向"传—受"的方式，基于影视叙事的德育营造了"先闻其声，如见其人，身临其境"的氛围，在淡化"说教"和"询唤"的状态下，更为自然和柔性地激发人们对于理想信念的认知、思考与认同，① 更易引起学生共鸣，为传播主流意识形态提供了广阔空间，在潜移默化中塑造学生的世界观、人生观、价值观及道德品行。

以通过红色主题影视作品进行爱国主义教育为例，在影像的视觉机制中，形象、叙事框架、画面元素、表现风格承担着基本的视觉内容生产和信息传播功能，但视觉文化中形象的表征不是镜子式的再现，不是简单地将世界的一部分或者一个片段"拉"到人们的眼前，而是充满了意识形态导向的创变与重构，媒介符号背后有着深刻的所指和隐喻的意象，而且它们之间存在复杂的张力关系。在红色主题影视作品情节和冲突的叙事表象后，其深层编码是爱国主义的展演，其教育功能指向的不仅是外在、浅层的"记录"，也是具有内源性价值的"记忆"。从"观"的层面，影视作品通过历史画面、英雄故事、国家象征物等场景的展示，以极具现场感的"看"帮助中小学生唤起关于国家的集体记忆，是传播家国情怀、召唤情感认同的重要机制。除了观看，师生群体共同参与红色主题影视作品的创编、排演、拍摄、剪辑、制作、传播、交流，经由视听体验展现艺术与思想内核，创设了"影像化"的视觉主体身份，以一种融入历史叙事的行为形式，创造了一种纵深的历史"在场感"。生动的影像叙事下的历史再现，从贫穷屈辱的过往到奋发图强的民族复兴，"国家"呈现为一个统一、有序的可视化互动景观，为新时代没有"苦难史"经历的中小学生创造了一种"辽阔

---

① 孙宏吉.新主流电影话语叙事特征：以近些年革命军事题材影片为例［J］.当代电影，2017（12）：156.

的时空具身体验"。日常生活实践的叙事和时代历史的宏大图景共同作用，既感知"可见性"的日常，也召唤天然的情感认同，促使中小学生将个人成长、理想目标、价值实现与国家发展有机融为一体，在对"何为中国"的集体认知中，实现身份认同。激发学生对党、国家和人民的热爱，增强对"四个自信"的理解与认同，帮助学生从小具有良好的思想道德、心理品质和行为习惯，大大增强德育的趣味性、时代性、实效性，让中小学德育真正"入脑入心"。

二、影视教育是推进中小学生学科教育融合发展的创新路径

影视作品融合了文学艺术的叙述魅力与视觉艺术的异彩纷呈，具有通俗易懂、引人入胜、感染力强等特点，且易于传播和展示。对语文学科教学来说，许多优秀影视作品都取材于经典的文学作品，是文学的图像化表达，延续了文学作品通过情节冲突、戏剧张力来塑造人物、关怀人类生存主题的思想内核，将文学的表现形式从文字拓展为音乐、美术、表演等多元融合的艺术形式，用具象的空间形象逻辑向接受者呈现"拟真"的世界，相较于文学的"间接"，更为直观生动，对中小学生的吸引力更强。影视教育拓展了阅读的媒介载体，是书面文本向数字化文本、视觉化表达的拓展，是阅读样态的纵深和创新，更易激发中小学生的阅读兴趣。"看电影"只是第一步，沉浸式的影视教育不仅关注"输入"，而且更加关注感悟和"输出"，鼓励中小学生基于阅读之后的理解、感悟，从价值观的认可角度出发，对优秀作品进行再创作，推动中小学生从阅读一本书开始，连接"阅读、选编、创作、排练、表演、拍摄、展示"等各个环节。

同理，对外语等语言类学科教学，影视教育的丰富资源和极富表现力的形式有利于构建拟真的语言环境，不仅教授学生语言表达的应用，更重

要的是理解、领会语言背后的文化语境和深刻内涵。对历史学科而言，可感、具象的影视教育能让历史课活起来，让历史故事真实起来，让历史人物立体起来，帮助中小学生更加清晰地认知历史事件、梳理历史脉络、理解历史规律、形成正确的历史观。除了语文、外语、历史、思政等文科类学科教育，以科学素养提升为导向的数学、物理、化学、生物等理科学科，同样可以结合影视教育进行一些探索。通过影视教育讲述科学家的研究故事、人生历程，将客观的科学原理与可视化、人格化的影像叙事表达结合，更易激发学生对抽象理论的兴趣，促进理解。技术革新时代的媒介特性使得影视教育更具趣味性、综合性，在参与、体验、合作、互动中，学生们求知、感悟、创造的内生动力得以激发，其搭建的情景化、沉浸式教学场景打破了传统学科的边界，有利于探索一条符合教育教学规律、中小学生喜闻乐见的学科融合、创新发展的路径。

三、影视教育的创新价值促进培育学生自主的审美情趣，赋能人文素养和综合素质的提升

2018 年 9 月，习近平总书记在全国教育大会上指出，要全面加强和改进学校美育，坚持以美育人、以文化人，提高学生审美和人文素养。[①] 人文素养以人为中心，其核心是对人类生存意义和价值的关怀，不仅是人文科学知识和研究能力的内化，更是一种内在精神底蕴。在中国学生的核心素养中，人文底蕴主要指学生在学习、理解、运用人文领域知识和技能等方面所形成的基本能力、情感态度和价值取向，具体包括人文积淀、人文情怀和审美情趣等基本要点[②]，是适应个人终身发展和社会发展需要的价值观

---

① 王嘉毅.扎实推进新时代学校美育高质量发展［EB/OL］.（2023-12-28）［2023-12-29］. http://www.moe.gov.cn/jyb_xwfb/moe_176/202401/t20240108_1099020.html.

② 林崇德.中国学生核心素养研究［J］.心理与行为研究，2017，15（2）：145-154.

念、必备品格和关键能力之一。但实证研究发现，"人文底蕴"属于当前学生核心素养发展情况中的劣势素养项，是亟待加强的类目之一，在其三个基本要点中审美情趣的发展水平最低[①]，当前我国对中小学生的人文底蕴与审美能力的培养相对不足，是素质教育下实现学生综合发展需重点关注的问题。

美德伦理学主张，只有将学生置身于审美活动的情境中，才能使学生在情感上认同美德，才能完成对学生的道德教育和道德启蒙，使学生通过审美活动自觉、自愿、自主地进入自我成长的各种主题中，探索我与他人、我与社会、我与世界的关系，从而帮助学生建构世界观、人生观、价值观。[②]中小学影视教育的创新价值突出体现为对学生人文底蕴和审美培育的观照。影视作品的观看和欣赏需要相关的审美知识和鉴赏理论基础，包含对影视基本的视听语言的运用，从镜头到蒙太奇、句子到段落的分析，还包括对影片的主题内容、典型艺术形象的分析，对整部作品艺术意蕴的理解，等等。影视教育是复合型的审美感知，欣赏影视作品的过程是观众以自己的价值观、生活认知对作品进行个性化诠释的过程，是观众与作者、与人物命运、与戏剧冲突展开对话和探讨的过程，以此完成对主题的深度思考。在影视教育的深入学习中，中小学生的艺术思维、逻辑思维、艺术理论和语言表达水平都可以得到全面的提升。通过优质的影视教育资源引导学生探讨国家历史、自我成长、亲子关系、社会发展、自然科学等诸多主题，让学生带着问题去思考、去探索、去发现，激发学生的学习兴趣、探究欲望，帮助学生开阔视野、感受世界、体验情感，培育自主性的审美情趣、提升其人文素养。

得益于媒介技术的革新，原创影视作品的制作、传播、交流的门槛大

---

① 姜言霞，卢巍，毕华林，等.中小学生发展核心素养现状调查研究［J］.山东师范大学学报（人文社会科学版），2017，62（6）：94-104.

② 谭小华.充分发挥影视教育在立德树人中的独特作用：高中影视课程的开发与应用［J］.人民教育，2019（20）：60-63.

大降低，形成以鼓励学生"自编、自导、自拍、自演、自评"为主导理念的影视教育项目式教学模式，从更深入参与的层面助力提升中小学生的多重素养和综合能力。在教师指导下，中小学生参与影视作品制作的全流程。第一，学生团队共同探讨作品主题，原创或改编剧本，以五个 W（Who、When、Where、Why 和 What）的思路锻炼其逻辑分析和写作表达能力。第二，中小学生需组织协调成立摄制组，学习影视拍摄和制作的基本知识，完成制片、导演、演员、摄像、美工、录像、音响、化妆、服装、道具、场记、灯光、作曲、剧务等人员分工。第三，制作后期要进行初剪、精剪、配音、配乐、字幕、特效等一系列制作。第四，借由互联网时代的媒介传播优势，实现作品更大范围的传播和交流。在从看到编、从演到拍、从录到剪再到分析评论的整个制作过程中，中小学生扮演不同角色，嵌入剧本情节的时空，在影像的世界中与自我、与他者相逢、对话，充分唤起学生的主体性，营造在场、自主、开放、包容的氛围。中小学生在这一过程中身临其境地体会多种社会角色的心理、情绪与行为状态，以此培育中小学生自我认知、信息转化、情景建立、细节捕捉、情感体验、多维思考等多重能力，提升其想象力、创造力、理解力、感受力。同时，影视教育项目式的教学重视目标导向、效果导向，整个制作过程既是学生探讨作品主题、研究事实逻辑的过程，也是从小锻炼其团队合作、组织协调、创新开发、沟通表达、克服困难等社会化发展所需的综合素质的过程，是感性经验与理性认识的融合，真正做到"以文化人、以美育人"。

四、如今的中小学影视教育从更广义的范畴讨论，还是信息化时代媒介素养提升的重要体现

在媒介技术迅猛发展的今天，影视艺术的表达形式除了电影、电视剧，我们还需要关注互联网及其他移动终端上的影视作品。在"人人都有麦克

风"的自媒体传播时代，视频传播的速度、广度远超其他任何形式，互联网海量的影视作品扑面而来，如抖音、快手等以影像声音为呈现方式的应用铺天盖地，具有无形的诱惑力，但网络视频尤其是部分短视频内容质量良莠不齐的问题较为突出。对尚处于成长阶段但媒介适应性极强的中小学生来说，媒介素养已成为移动互联网时代公民应具备的一种基本的社会生存发展能力，包括信息意识，生产、获取、甄别、处理信息的能力，媒介使用能力，数据素养，等等。其中，如何正确认知和理解影视、分辨影视作品质量，如何使用便捷易操作的软硬件设施自主制作、传播影视作品，如何欣赏评价影视作品并交流互动共享等命题，已经成为媒介素养提升视域下中小学影视教育更深层的探讨方向。

第三节　我国中小学影视戏剧教育现状初探

从 2008 年我国出台政策以来，多地中小学积极探索影视教育的落地应用，学界亦从学理层面研究构建影视教育体系的路径，取得一定成效。但目前中小学影视教育仍处于初期阶段，现有政策的配套措施不足，推进落实存在难点，影视教育在执行层面的综合管理尚不到位，存在教育理念陈旧、理论研究与实践应用结合不充分、师资力量薄弱、缺少课程体系、经费不足、缺乏硬件配备、区域发展不平衡、尚未形成资源共享平台、交流机制尚不完善等问题，影视教育的育人功能未能充分发挥。

一、理论研究层面

理论研究与实践应用融合不足是一大突出问题。学界对中小学影视教育的关注度较低，以"影视教育"和"中小学"为关键词搜索的理论著作和文献结果较少，相关理论研究亟待完善，为实践发展提供支撑。研究领域较为单一，针对中小学影视教育的课程内容、教学方案、师资培养、教学评价、优质片库建设、设施配备等方面的应用研究尚不深入，未能给教学实践提供较完备的经验借鉴与方法指南。

二、实践应用层面

基于"中小学生人文素养及影视戏剧教育研究项目"入围学校的问卷调研及实地走访，现有问题集中在以下方面：

一是教育理念陈旧。在调研中发现，部分学校对参与互动式、情景启发式教学模式的理解应用较为浅显，在关于中小学影视教育参与式教学的调研中（样本量 55 所学校），仅有 16% 的教师表示在教学实践中开展情境式教学，29% 的教师表示尚未在教学中实践，近一半（约 45%）的教师表示有兴趣但未参与过相关培训，9% 的教师表示从未听说过。在调研"基于问题 / 任务导向的互动式、启发式与探究式课堂教学法"的应用情况时，仅有 12.73% 的教师表示参与过相关研修培训并开展实践，多半（约 58%）教师表示有所了解，还有 20% 的教师表示仅仅听说过这一概念，9% 的教师表示完全不了解。但关于教师所了解的学生参与影视情境式教学意愿的选项中，30.91% 的教师表示了解学生对此的意愿，兴趣非常强烈，43.64% 的教师表示学生愿意尝试。综上，部分学校及教师的教育理念较为陈旧，未能理解信息化时代媒介技术发展下影视教育作为教育资源和技术手段的深刻价值与丰富内涵，部分中小学影视戏剧教育浮于形式性呈现，从教学理念、课堂模式革新视角进行的深入思考不足。

二是对政策的理解和落实不够到位。在问卷调研中发现，仅有 21.51% 的学校（40 所学校，样本总量 186 份）对 2018 年《教育部 中共中央宣传部关于加强中小学影视教育的指导意见》十分了解，有些了解、不太了解和很不了解的学校占比合计近80%，对《指导意见》中关于"力争用3—5年时间，全国中小学影视教育基本普及，形式多样、资源丰富、常态开展的中小学影视教育工作机制基本建立"等内容了解程度较高的仅占20%左右。

三是部分地区缺乏资金、场地、设施、技术等基础条件支撑。在调研中发现，有专门的影视教育排练教室、演出场地的学校刚刚过半（占比55%），仅有不到5%的学校有专业、可供演出的剧院（9所学校，样本总量186份）。超过半数（52.15%）的学校在影视教育课程建设上的经费投入为5000元至3万元，20%的学校表示没有经费支持，仅有15%的学校表示投入5万元以上的经费。

四是缺少系统性的课程体系、教学方案和科学性的评价机制。在调研中发现，目前大部分学校还停留在"看电影"的阶段，近6%的学校没有影视类多媒体教学资源，近三分之一的学校（32.79%）每周有固定的时间段播放影视戏剧类的教学资源供学生观看，部分学校（13.2%）的影视教育资源存放在图书馆或学校官网供学生自行观看，近半数的学校（47.8%）是文科教师授课时顺便向学生展示影视教学资源。部分学校没有专门的影视教育课程体系，授课和考核方式相对单一，学校开设专门课程并有固定课时安排的占比47.31%，22%的学校研发了影视教育专用的校本课程（教材）。虽大部分学校建立了影视社团（75.81%），但影视教育与学科课程、社团活动之间相对独立，缺少良性互动。尚未形成像传统基础教育课程一样完整的课程体系与架构，也未制定全国统一的影视教育课程标准、教学大纲，其课程发展与国家课标、地方课程、校本课程体系缺乏有机融合。

五是师资力量不足。调研统计发现，目前开设影视教育课程的中小学校教师大多为非专业背景的兼职教师（51%），专职教师仅占6%左右，还有相当一部分学校没有影视教育教师（42%）。除了团队规模外，教师专业性也较为薄弱，调研发现参加过相关专业研修培训的影视教育专兼职教师占比仅为 27%。

六是尚未形成优质影视教育资源共享平台，交流机制尚不完善。 调研中多数学校反馈，目前"互联网+"时代影视资源渠道多样、内容海量、良莠不齐，亟须搭建适宜中小学身心发展的影视教育资源聚合平台，分辨、排除有害内容，促进优质资源的共享。部分教师也提到希望加强校际、区域间的合作交流机制，包括教学模式探讨和学生优秀作品的展示交流等。

此外，还需特别关注中小学影视教育明显呈现出的地区发展不平衡态势。 因经济社会、教育软硬件发展水平的差异等，中小学影视教育在部分条件基础较好的地区已初现成效。在调研中发现，广东省东莞市长安实验中学、深圳市盐田区外国语学校、江苏省南京市金陵汇文学校、四川省成都市草堂小学、四川省成都市青白江区大弯小学北区分校、四川省成都市双眼井小学、浙江省萧山中学等学校在影视教育领域探索较为深入，依托良好的硬件设施和信息化技术基础，通过与语文、英语、历史、道德与法治等学科教学紧密融合，结合经典中外文学作品开发了鉴赏、配音等校本特色课程。同时，校园影视社团活跃，开展影视赏析、评论、创编、表演、配音、制作、影视节（周）等系列活动。但对于偏远地区、农村等发展水平相对薄弱的地区，中小学影视教育处于"弱势、边缘"甚至"缺席"地位。学校教育管理者对影视教育的认识有待加强，从家庭到学校都缺乏影视教育的实际执行者。[①] 近年来，薄弱地区中小学远程教育工程初见成效，数字硬件设备问题在政策扶持下逐渐改善，目前仍需着力解决理念陈旧、师资不足、系统化课程资源缺乏等影响影视教育发展的掣肘问题。

---

① 陈火青，娄立原.以艺养心：中小学影视育人现状指瑕与路径优化［J］.电影评介，2020（13）：103-108.

第四节　多元参与、协同共享

——中小学生影视戏剧教育发展的未来路径

高校的影视教育作为一门学科，有其自身的演变线索、建设路径、发展逻辑。中小学影视教育并非高校的简单版，也不是将大学校园中形成系列的学院派影视课程简单删减后平移到中小学校园中。不同于高等影视教育的专业性和理论性，中小学阶段不刻意灌输抽象的电影理论，不直接培养从事影视艺术工作的专业人才，不应将影视教育变成传统科目学习外的负担，更多是作为一种普遍性的教育资源和技术手段，面向广大普通中小学生，激发其主动思考、创新开拓，引导其进入自觉求知的过程，达成影视艺术的启蒙教育，促进其综合能力的提升，服务立德树人的教育根本任务。

在信息化时代媒介技术革新背景下，中小学生影视教育系统化发展任重道远。对此英美等国已有相关探索，主要举措包括制定学校影视教育的法规与纲领、依托电影行业提供优质片源、开展影视基础教育课程体系建设等[1]。目前媒介技术变革的实际背景，我国中小学影视教育的教学体系、课程体系、管理体系、评价体系，教育者与教育对象、教育对象与教育内容的连接方式都需要与时俱进。结合我国中小学影视教育的发展现状与实际需求，立足当前的不足和薄弱环节，未来发展路径应从理念、机制创新入手，建设整合政府部门、高校、研究院所、社会专业机构、中小学等多元力量参与、协同共享的中小学生影视戏剧教育生态模式。构建融合内容

---

① 秦鹏.我国中小学影视教育研究的回顾与展望［J］.教育探索，2020（3）：18-22.

资源开发、课程方案研发、师资培养、研学实践、教学评价及技术装备配备应用等软硬件一体化的中小学影视教育长效运行系统，同时注重地区间、学校间合作，积极建设交流共享机制。

在完善顶层设计层面，政府相关部门应从服务立德树人教育根本任务的政治站位出发，为推进符合中国特色社会主义文化发展要求的中小学影视教育提供制度保障和政策配套支撑。应深入研究媒介技术革新下中小学生影视教育资源协同发展创新模式，研发内容资源及教学技术装备"一体化"的配备应用方案。在内容资源开发层面，政府相关部门通过政策引导影视戏剧产业创作弘扬社会主义核心价值观、立意高远、故事新颖、画面精美的影视戏剧作品，为中小学影视教学提供丰富的高质量资源。同时，研制体系化的课程标准和教学大纲，为中小学影视教育提供方向性、框架性的专业指导。在设施配备和技术应用层面，应积极探索 5G、人工智能、大数据、云计算、VR（虚拟现实）等新兴技术在中小学影视教育中的应用场景，尤其是在增强教学吸引力、提高交互性、促进个性化学习和科学评价等方面的独特作用。还应打破技术标准壁垒，立足大部分中小学目前的基础设施水平，充分考虑与学校现有技术设施设备的兼容性，注重引领性与公平性的平衡。同时，政府相关部门还应集中专家学者、影视艺术业界从业人员、社会专业机构等多元力量建设中小学生影视教育专项资源库，做好"把关人"，紧扣时代脉搏、唱响时代旋律，重视影视教育内容的政治性、时代性、思想性、科学性、艺术性和创新性。

此外，针对当前影视教育教师专业素养不高、专职教师匮乏等问题，应充分调动高校、行业等专业机构和专家力量，善用线上线下多样化手段，加强提升中小学管理者的教育理念与素养的培训，开展对中小学影视教育教师的培养、培训，为中小学培育最大数量的、能够从事基础影视教育的师资，加快提升适宜中小学校的影视教育专业人才覆盖率。

针对教育地区发展不平衡问题，给予相对薄弱的地区以相关政策扶持，辅助其影视戏剧教育软硬件建设，促进优质影视教育资源平台的共享。同时加强不同区域、学校间的合作交流、借鉴分享，依托互联网全时、全效、全员的新媒介技术打造互动式的中小学生影视教育资源共享、展示交流的平台。

作为影视教育的主要执行者，中小学校应在充分考虑学校基本条件、发展需求、学生认知水平的基础上，健全与新时代影视教育需求相适应的硬件设施、技术配备、课程体系、师资团队等保障条件；打破过去僵化单一、以看为主的被动观影模式，系统性推进影视教育。首先，应转变观念，激活"互联网原生代"的教育主体地位，以平等、多向、探讨的理念推进"学生主体—教师引导—互动参与"的教学模式，让影视真正走入课堂、走进学生。此外，注重把握中央"双减"政策的机遇，将影视教育作为课后服务的重要内容，与学科教学及德育、美育等内容进行深度融合。

新媒介技术的形态、功能、服务空前多样，极大地拓宽了教育者的视野，使教育者知识来源更广，资源储存空间更大，分享交流更为便捷。除了传统的"观看"，教师可引导学生开展影视鉴赏等探索性研究，以分组等形式研讨作品的主题立意、叙事与美学表达特色，调动学生主动查阅资料、学习影视基础理论知识的兴趣，并以影评等形式锻炼学生的审美、评鉴和语言文字表达能力。同时发展校园影视社团，教师指导学生开展影视编创、排演、制作等活动。基础条件较好的学校，可尝试运用高速传输、VR、全息投影、视觉响应、触觉反馈、语言交互等新媒介技术增强影视教育的"在场感"，提升其吸引力、实效性。比如，引入人工智能和大数据采集、跟踪、预测、反馈技术，通过对个体认知、学习记录、影片偏好、互动频率、学习成果作品、行为表现、脑神经活动等数据的全程记录和分析，为学习者建模，进行个性化分析与诊断，根据模型反映的学习状态，结合算法和人工智能内容建构，设计适应性的教学内容，真正做到"因材施教"。有条件的学校可建立学校的媒介矩阵，通过微博、微信、快手、抖音等平台，展示影视教育经验、交流教学成果等。还可尝试与高校、社会专业机构合作建立项目式影视教育的联合培养模式、社团工作室、实践基地等，打通课堂内外、校园内外。此外，学校可进一步以学生作品为蓝本，紧扣主旋律和社会主义核心价值观，创作大型原创影视精品，打造具有影响力的特色品牌，积极参与各级影视教育成果展演交流活动，以此构建中小学生自己"看、听、读、编、拍、导、演、评"多方位、全流程的影视教育模式。

互联网环境和新媒介技术以其强大的连接、交互和关系建构能力，为教育变革式的发展提供了新的思路、平台、机会和行动空间。媒介本身并非冷冰而纯然的客观工具形态，尤其是在中国的传播语境中，是具有价值导向和引导性的力量。媒介技术革新下的中小学影视教育不应局限于单纯的工具性教学，而应以教育技术与资源融合发展的广阔视角思考其互动逻辑，把握影视教育内蕴的文化精神之"义理"与技术手段之"术法"的交融关系，以期在文化意义上形成一种人类命运共同体意识，纵向代际间表现为"文化传承"，横向群际间表现为"文化理解"。[①]

新时代的中小学影视教育通过媒介技术革新实现"现场"与"在场"的深入联动，其深刻价值是以精深的哲学体认审视"道"与"术"的辩证关系。影视传播以其生动鲜活、引人入胜的独特优势，回应了新时代背景下中小学生德育、美育与文科等学科教育的切实需求，最终实现文化层面的体认和观照，唤醒人的本体性回归，深化中小学生对共持的人文内涵、审美情趣、价值理念、家国情怀、民族精神的理解与认同，是新时代培育健全人格、提升综合素质、树立文化自信、落实"立德树人"根本任务的创新探索和有效路径。

---

① 林玮."跨媒介阅读与交流"的本体意义：一种传播共同体的视角［J］.中学语文教学，2020（4）：16-19.

第五节　中小学影视教育创新课程资源系统方案探索

一、中小学开展普及影视教育的必要性

为什么要在中小学开展普及影视教育，应从三个方面进行考量。

第一，信息化时代的发展。我们身处一个信息爆炸和资讯高速流通的时代，视听媒介已经成为人们沟通交流和自我表达的主要媒介。每一天人们都在观看和收听着或长或短的视听素材。它们当中有的是具有审美价值的艺术品，有的是充满启迪、娱乐身心的叙事介质，有的是富有现实意义的即时资讯……无论怎样，我们在"阅读"这个世界的时候，不再只是通过文字，而是更多地以"全阅读"的方式立体地来获取信息，完成交流。在这样的背景下，通过开展影视教育提升中小学生的视听素养、审美素养尤为必要。

第二，开展素质教育的需求。近年来，随着我国基础教育领域素质教育的深入推进和深入人心，近年来体育艺术类科目的学时比重提高，在考试中重要性也不断提高，部分地区中小学校自主地开设了素质教育校本课程。"双减"政策实施进一步拓展和深化了素质教育的内涵要求，将更多的艺术类课程如影视教育课纳入新课标评价体系。在中小学校开展影视教育不仅是增长学生知识的有效手段，更是培养学生人文素养的有效手段，对于构建德智体美劳全面培养的教育体系，激发学生对党、国家和人民的热爱，增强对"四个自信"的理解与认同，从小具备良好的思想道德、心理品质和行为习惯，形成正确的世界观、人生观、价值观，提高审美和人文

素养，形成健康文明的生活方式等具有重要意义。

第三，影视艺术的学科特点。在中小学开展影视教育不仅要让学生看电影，更要让他们在"看电影，评电影，拍电影，演电影"中收获实践、体验和成长，全方位参与影视艺术的各个环节，要在一定程度上"懂电影"，对影视语言进行理解、感受、欣赏直至运用表达，这就需要在教学方面有专业系统的中小学影视知识体系。现有的影视类课程资源主要是高校影视专业类，其教学培养目标是为我国的影视行业输送专业的影视从业人才，抑或为该学科培养理论研究人才，从理论到实践已形成成熟的课程体系与教学方法。由此，面向中小学生的影视教育如何借鉴高校影视教育课程体系的经验，并创造性地运用到中小学生的教学活动中，适应中小学生年龄段的需求？这是一个需要深入探究的问题。

《教育部 中共中央宣传部关于加强中小学影视教育的指导意见》中明确指出"通过加强中小学影视教育，着力在坚定理想信念、厚植爱国主义情怀、加强品德修养、增长知识见识、培养奋斗精神、增强综合素质上下功夫"。可见，在中小学开展影视课程的教学，其目的并非培养小导演、小演员、小摄影师、小剪辑师，它是素质教育有机组成部分，是融汇德育与美育的一种教育新路径。而以影视教育的手段来塑造学生的思想，提高学生的审美及人文素养正是中小学影视教育的目标。

在所有艺术类学科中，影视学专业可以说是最为庞杂的学科之一。它不仅在理论层面有各种切入研究的角度，单单是从实践的层面讲，就涵盖了制片、编剧、导演、表演、摄影、美术、声音、剪辑、特效等各部门的知识体系；从美学上讲，它又关乎视觉与听觉、时间与空间、静止与运动……显然，对于中小学生来讲，重要的并不是如何把这些知识一股脑地塞进去，而是如何从其庞杂的知识体系中，精选出最必要也最适合这个年龄段学生的内容，并以他们易于掌握、喜闻乐见的形式传授给他们。

由此可见，中小学影视教育课程并非高校"影视学"专业课程的"降龄版""低配版",而是要依据中小学德育美育等培养目标,结合中小学教育规律和自身特点去重新建立一门跨影视、教育、艺术等交叉领域的崭新学科。研发中小学影视教育资源需进行很多从无到有、填补空白式的基础工作。

二、普及中小学影视教育中的难点

中小学开展影视教育的软硬件条件要求较高,不仅需要课程资源还需要专业的场地、设备及专业的师资队伍。比如,北京市石景山区人大附中西山学校以课后选修兴趣班以及社团的形式开设了影视课程,由一名专业专职教师任教。在每周两次的影视课上,在设备先进、配置齐全的摄影棚教室内,学生们跟着这位经验丰富的老师学习影视知识,教师通过"学徒式"教学方法手把手带着学生们从剧本、筹备、演出、拍摄、制作等全方位的实践操作中体验影视作品的创作流程。

《教育部　中共中央宣传部关于加强中小学影视教育的指导意见》明确要求:"力争用3—5年时间,全国中小学影视教育基本普及",要把中小学影视教育"纳入教学计划",这就意味着中小学影视课程非精英化、个性化课程,而是在较短的时期内,尽可能让更多的学校有条件把影视课程开起来的全覆盖、普及型的课程。这就面临着重大难点:一是缺乏标准化的、专门面向中小学生的影视课程体系。二是缺乏中小学影视教育的专业师资队伍。基础教育中影视教育师资的缺乏是影响影视教育普及的另一大制约因素。绝大多数中小学校没有能开展影视教学的专业教师,短期内也很难培养出一大批中小学影视专业师资。三是学校独自研发课程资源成本太高、周期太长。对于非影视类专业的教师来讲,影视课程是一套他们未曾涉猎且无法在短时间内掌握并能自如运用的知识体系,准备教学资料和设计课后练习的工作量都是巨大的。影视教学基于海量的影片素材展开,仅仅是搜索、观看、筛选这些素材就需要付出大量的心血。即便对高校影视专业的教师来说，这也是课前课后需要耗费大量时间和精力去完成的工作。

本课题项目组在中小学影视教育课程资源的设计思路和框架方面做了初步探索，依托高校学科专家、影视行业专家、一线教育工作者等专家团队，融合了少儿教学的理论与实践经验。

三、创新课题资源系统方案的创建思路和要点

（一）推进优质影视教育课程资源习题的共建共享

当我们面对中小学影视教育这项新学科新领域的开创性教研工作时，要满足培养兴趣、陶冶情操、提升素养的育人目标且在全国普及，具有非常大的难度和挑战性。首先，对青少年教育理念、价值及课程框架体系需要进行深入的研究；其次，没有现成的教育资源，需要在教学内容上通过交叉学科研究填补空白；最后，在教学方式上还要以中小学生喜闻乐见的形式，具有趣味性、互动性、实践性，符合中小学段的教学规律和方法。这就需要国家基础教育部门牵头，统筹各级各类专业专家资源，通过设立国家级重大课题项目等机制，联合攻关，形成一套创新课程资源系统方案，通过在国家智慧教育平台上展示，让优质影视教育资源惠及全国中小学校，尤其向欠发达地区倾斜，整体上提升全国影视教育水平和质量。

（二）课程内容的专业性、系统性及科学性

1. 注重课程资源内容的安全性和权威性

影视教学不可避免地涉及大量的影片或影片段落。这些电影来自不同国家、民族与文化，跨越了电影诞生以来百余年的历史。它们一方面呈现出百花齐放的艺术价值，另一方面由于意识形态属性很强，与德育息息相

关，需从中遴选思想性、艺术性强，弘扬民族精神和时代精神，符合青少年身心特点和认知规律的优秀影片资源。按照《教育部 中共中央宣传部关于加强中小学影视教育的指导意见》规定，教育部将会同中共中央宣传部每年向全国中小学生推荐优秀影片片目，各地可优先从中选取影片进行放映。因此，对于所有纳入中小学影视教育资源的影片或者影片段落，都应该由国家教育行政部门和国家广电行政管理部门，邀请中国电影博物馆等专业机构进行严格的审核把关，由相关学科教学专家共同遴选适合中小学生的影视教育资源内容片段。

2. 注重课程资源内容的专业性和体系化

《教育部 中共中央宣传部关于加强中小学影视教育的指导意见》中明确，要结合中小学校影视教育工作的实际需要，将电影放映、电影理论、电影鉴赏、微电影创作等专业知识纳入中小学德育和校外教育教师培训内容，提高教师的艺术素养和审美能力，培养一批专兼职结合的影视教育教师队伍。因此，作为新兴学科，影视教育资源应统筹考虑专业教师培养及教育教学需要的适宜学生学习阅读的读本，可以邀请高校影视专家团队统筹设计和汇集遴选教师培训及学生用书配套的影视教育资源。

课程包括但不限于世界电影简史、电影语言、中国红色电影之旅、动画简史及制作入门、优秀电影赏析等内容板块。"世界电影简史"可以以电影艺术的发明为开端，到展望电影艺术的未来结束，不拘泥于线性的发展史，选取世界电影发展脉络中最关键、最有趣味且最易于结合中小学段教学内容的重要事件和流派进行深入浅出的讲解。"电影语言"可以从电影艺术的本体出发，通过对摄影、剪辑、声音、特效等各方面的技术与艺术知识的讲解，配以大量动手实践的作业，让学生完整地感受影视制作流程。"中国红色电影之旅"可以从中国电影博物馆建党一百年电影展的脉络中吸取精髓，介绍、赏析红色电影，潜移默化地帮助学生树立社会主义核心价值观。"动画简史及制作入门"可以聚焦少年儿童最喜闻乐见的片种——动画片。让他们了解动画片发展的脉络及制作的原理，由简单到复杂，从画面到声音，亲自动手参与到每一个有趣的动画作业中。"优秀电影赏析"可组织专家团队在中外佳片中遴选审美高雅、通俗有趣、积极健康的优秀影片，通过全方位分析讲解，使学生们在艺术审美和人文素养提升方面获益良多。

（三）课程形式的针对性、趣味性、实效性

课程资源内容确定之后，为达到最好的教学效果，如何呈现、以什么样的形式开展教学就需要被关注了。

一是编写课本读物。对应世界电影简史、电影语言、中国红色电影之旅、动画简史及制作入门、优秀电影赏析等内容板块研发创作相应的系列专题读本，可设计活泼可爱的卡通形象对影视知识展开讲解。书籍的设计应体现视觉元素的丰富性和交互环节的趣味性，拉近学生与书本的距离，同时降低兼职教师的授课难度。

二是开发配套视频课程。2020年10月，中共中央办公厅、国务院办公厅印发《关于全面加强和改进新时代学校美育工作的意见》规定，有条件的地区可以通过购买服务方式，与相关专业机构等社会力量合作，向中小学提供美育教育教学服务，缓解美育师资不足问题。针对普遍缺乏专业师资及课程资源开发成本较高的难点，可通过购买社会服务或与专业机构合作，或者采用区域范围内组织专家研发系列与课本读物配套使用的视频课的共建共享机制解决，对于有专业师资的学校，任课教师可以以视频课为基础，补充更多拓展性、个性化的教学内容；对于以文史类、艺术类教员兼职影视教育教师的学校，可由教师在课堂播放视频课，跟着视频课专家设计好的内容、环节与节奏来组织教学；对于没有影视教育教师的学校，则可采取组织集体观看视频课的方式完成最基础、最基本的教学任务。视频课建议由一名形象亲和的影视课专业教师讲授和录制，同时也穿插着读本里的卡通人物对重点知识进行名词解释。

第三章

"立体阅读"教师实践与指导

立体阅读课程以依据戏剧可显性结合"课程思政"和"五育并举"的特点，利用戏剧手段，通过促进完善课程和教材体系，树立学科融合理念，充分挖掘和运用各学科蕴含的体现中华美育精神与民族审美特质的心灵美、语言美、行为美、艺术美等，有效整合相关学科，推进课程思政和校园文化建设深度融合，并以此为基础，开展以德育美育和文科相融合为主题的跨学科教育教学，增强德育和文科类课程的教学效果，进而提升中小学生的审美素养和人文素养，潜移默化地培养学生爱党爱国爱社会主义的情怀，帮助学生树立和践行社会主义核心价值观，培养德智体美劳全面发展的社会主义建设者和接班人。

第一节 课程概论

一、课程总目标

提升阅读和写作能力是本系列课程的主要训练目标。在知识经济时代下，阅读能力已成为提升中小学生人文素养的核心内容之一。对一个人来说，阅读不只是一种重要的学习形式，通过阅读能提升人们对于世界的理解、自我认知，解放内心世界来促进自我成长与发展。在一般意义上，人们对阅读的理解普遍是这样的：阅读，是运用语言文字来获取信息、认识世界、发展思维，并获得审美体验与知识的活动。它是从视觉材料中获取信息的过程。视觉材料主要是文字和图片，也包括符号、公式、图表等。

随着第四次工业革命的悄然而至，被改变的不仅仅是人们的生活方式、学习方式、思维方式等，更重要的还有人与世界的关系。如今，人工智能的出现解决了大部分简单化的问题，代替了大部分单一化工作，解决复杂问题也已成为创新创业活动的常态。与此同时，科学技术的迅速发展以及社会的综合性变革，在很大程度上依赖着多学科、多领域的跨界融合，依赖着大跨度、深层次的交叉渗透。显然，在工业时代可以通过反复训练达到的工作能力、个人能力已满足不了时代需求。进入21世纪，培养创新型的综合人才、开展素质教育成为教育改革发展的主流需求。

进入新时代，"阅读"二字内涵和外延不断更新、丰富和拓展。其中最为显著的是阅读对象从一维文字、二维图像拓展到二维影像和三维情境，甚至还包括了在情境中经常会出现的第四个维度，我们称之为"情感体验"。阅读对象发生了变化，阅读载体和方式也将随之产生深刻的变革。

传统阅读方式通常分为朗读、默读和视读三类，前两类也称为音读，后一类一般称为速读。朗读即发出声音的阅读，这类阅读多半在少儿识字、读书背诵时使用，或因老师需要了解学生是否真的会读，或用来检验学生阅读能力等；而默读则是不发出声音，大脑中默念式的阅读；视读也称作速读，它的特点是直接用视觉进行阅读以及产生思维，整个过程极少发生音读现象。①

新时代背景下，传统阅读方式并不能完全满足多样化的阅读对象需求。当阅读对象拓展到了二维、三维甚至四维时，阅读就不只是单纯地用眼睛去看文字、图片和理解内容，而是一个更为复杂的交流、交互过程。在这个过程中，有时候我们会进入作者描写的故事里，甚至会被带入某个角色中，从角色的角度去看待、体验故事中的事件和人物；有时我们会因故事引发联想，创作出自己的文学作品等。但不管以什么形式去和作品进行交流，这些活动都是在具有理性思维的头脑里进行的。

这就不禁引发我们的思考，是否存在一种阅读方式，能让阅读者更为直观而感性地感知到作品中所蕴含的意义与精神呢？"立体阅读"课程就将

---

① 刘心砚.浅析高中语文阅读的方法［J］.科教文汇（中旬刊），2012（32）：78-79.

基于此目标，通过理论与实践结合的探索形式对其实施路径展开讲解。

二、创新意义——跨学科融合对传统教学的意义

传统教学在当下教育理念不断迭代的过程中已然出现了一些弊端，如何落实好素质教育，助力传统教育模式革新呢？戏剧教育的作用在这个时候就可以发挥了，戏剧教育在教学的过程中，学生需要打开自己，用自己身体的一切去体验、感受、呈现、理解、创造、思考，实现我们对一部作品的全方位理解和品味，更进一步是在完成阅读后产生联想，创作出自己的文学作品。这样的教学过程，正好可以弥补传统阅读方式的局限性。

如红军长征路上所体现出的革命精神，用具体的戏剧情境去解读能让学生瞬间进入一种沉浸式的体验，比起用纯文字或文字加图片的形式更能让人感同身受。这种强烈的、通过自我体验所获得的强大精神力量，感性且直观，是终身受用难以忘怀的。

"立体阅读"课程的教学意义，在于升级中小学生传统阅读方式，开发包括眼睛在内的一切身体感觉器官的阅读能力，把文字信息和视觉信息进行情境化升华，将理性的抽象概念转化成感性的具象体验，从而真正打开学生从心灵上认识自己、感知世界和理解知识的大门。

这样的阅读方式，可以被叫作"感性阅读"或"立体阅读"。"立体阅读"课程以习近平新时代中国特色社会主义思想为指导，全面贯彻党的教育方针，坚持社会主义办学方向，以立德树人为根本，以社会主义核心价值观为引领，以提高学生人文素养和艺术审美为目标，弘扬中华优秀文明和传统文化精神，以文化人、以美育人、以美培元，以培养德智体美劳全面发展的社会主义建设者和接班人为最终目标。

课程旨在激发和培养学生的五官感知能力，让学生认识到除了用眼睛看，听、闻、尝、摸都是我们能够用来阅读的重要手段；掌握正确将文字

和视觉信息转化为情境的能力，并能够以小组的形式建立起基本情境；掌握在建立基本情境过程中所必要的知识获取能力；具备在情境中体现和体验原文字和视觉信息的能力，做到信息不流失，情感体验充分；具备用语言来描述情感体验的能力，从而评价知识是否真正入脑，感受是否真正入心。

第二节　立体阅读与教学训练法总览

一、文字的立体式阅读

文字的立体式阅读，是一种区别于传统阅读习惯的创新方法。它并非对传统阅读习惯的颠覆，而是一种有益的补充，一次全新的探索。自北宋毕昇发明活字印刷术后，各民族文化得以用文字的形式在各地之间交流传递，最终形成了如今灿烂辉煌的人类文明。长久以来，文字总是和二维平面的纸张、书籍联系在一起。因此，人们对阅读的理解自然就停留在了对文字的视觉感知上。

随着第四次工业革命的到来，特别是影像技术高速发展和媒体传播效率的快速提高，人类大脑引擎的运转马力大大超过了从前。阅读的内涵被极大地丰富了。对于阅读而言，人们已经开始尝试突破文字的二维局限，把蕴含在文字中的原先仅仅依靠想象力停留在脑海中的视像，通过内部和外部技术手段复制成三维立体的、可被五官同时感受到的内容，从而可以在一定时间内生活在三维场景中，去充分感受场景中在原文字中已包含的信息和延展出的未包含的信息。这些未包含的信息，往往是艺术的，是因人而异的个性化的体验，也是最宝贵的。

理解并认可文字的立体式阅读基本理念，并形成强大的内心驱动力，是立体阅读四部曲的第一步，也是非常重要的环节。

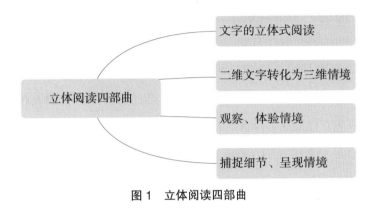

图 1　立体阅读四部曲

二、二维文字转化为三维情境

该过程是非常艺术和感性的，通常会运用到戏剧戏曲学中的诸多内部和外部技巧。但这门技术有个与众不同的特点：它不像一般学科那样以增加学识为目的，而是以减少杂念为首要任务，通过运用诸多心理学理论和技巧来帮助学生迅速卸下用于心理自我保护的"面具"。

"规定情境"这一概念将贯穿始终，转化行为将围绕着"规定情境"展开。规定情境直接来源于二维文字，通过对五个 W（Who、When、Where、Why 和 What）的连续解构和重构来达到三维立体化的效果。但这个过程几乎没有公式可以遵循，只能依靠学习基本规律来唤醒学生的情感记忆，从而指导接下来的三维情境建立。这就是我们认为这一转化过程是艺术的、感性的和个性化的原因。同时，理性也不应该缺席，因为它将在规范和呈现我们的转化成果上起到重要作用。比如，我们需要体现空间结构的景片，需要表达具体环境的大小积木块和增加学生信念感的小道具。这些东西被设计出来的过程，常常是伴随着理性的，因为我们无法在一个完全感性的环境里"体验生活",没有体验就难以达成信息的传递、交互和内化。

三、观察、体验情境

第三个步骤是建立于"二维文字的三维化"步骤之上的。罗丹在《罗丹艺术论》中说,用自己的眼睛去看别人见过的东西,在别人司空见惯的东西上发现美。[1] 而这一步骤的过程,就是运用戏剧的元素、形式,帮助学生有效且直接地在情境中发现美、体验美。

在二维文字中,我们仅通过视觉、依靠想象来获取信息,这些信息相对来说是局限的,而更深入的信息并不是俯拾皆是、唾手可得的。在三维情境建立的基础上,运用身体的五官观察情境、体验情境,在深入感受二维文字中已有信息的同时,捕捉二维文字中没有的、不同的、特别的信息。在这一过程中,面对相对具象的情境,学生要克服一定的理性,增强形象思维的感性,全身心投入情境中,从不同的视角展开想象,理解、感悟情境中的信息。这一步骤中学生获取的信息是通过三维转化被激发和创造出来的,由于每位学生的观察力、理解力、想象力、捕捉力等能力的不同是因人而异的,这种个性化的体验差异是弥足珍贵的,也是课题项目组研发"立体阅读"课程的初心。

四、捕捉细节、呈现情境

"捕捉细节、呈现情境"作为立体阅读四部曲的最后一步,是前三步的最终总结与呈现。情境作为一种客观的推动力,促使人物的心理活动凝结成具体的动机,并促成具体的行动,是人物行动的原因。想要合理且成功

---

[1] 罗丹.罗丹艺术论[M].葛赛尔,记录.沈宝基,译.桂林:广西师范大学出版社,2002:10-11.

地呈现一个情境、呈现一段行动，学生需要同时运用理性去设计、运用感性去体验。

"理性设计"是为情境呈现所构建的框架，它帮助我们准确且规范地完成情境的呈现。比如在现实生活中，当我们展露情绪时，通常都是一股脑儿爆发出来就结束。但在练习中去呈现情境时，我们需要注意情绪的递进、层次感、抑扬顿挫这些问题，这时就需要通过理性的技巧来控制感性。提前将我们情感的递进坡度理性地设计好，才能为一段练习对自我和旁观者都能有更加强烈的沉浸感提供基础保障。

"感性体现"则是这个框架里的血肉，丰富着情境的呈现。在一般的戏剧作品中，着重强调在呈现情境、完成表演的过程中既要"形似"又要"神似"。可以说只有拥有了"感性体现"的表演才不会如一条枯燥的公式，否则即使有着再精妙的设计也无法使旁观者产生共情。无共情，更无信息传递和内化可言。

不过需要特别指出的是，立体阅读的目的不在于表演，而在于学生在情境中的现场感性体验和体现，二者的有机统一是"立体阅读"课程的最理想状态。但这种理想状态在实际练习中并不需要每时每刻存在，即使只有一刻的"忘我"，也是弥足珍贵的，也能为情境的高质量、高信息量呈现添砖加瓦。

总结而言，当我们在呈现一个情境时，既需要具有应有的、充实的内容活动和真挚的感情，同时又要有高度的控制力，以达到"情动于衷而行于外"，溢于言表。

五、教学训练法

为了达成"四部曲"目标，根据中小学生的年龄特点和"立体阅读"的实际能力差别，本训练法由上下两部组成。上部是适合初学者或小学生的初级阶段，下部则适合有一定经验的学生或者中学生，是高级阶段。有一点需要特别强调，实践训练是"立体阅读"的核心，任何理论学习都无法代替实践训练，它是真正掌握"立体阅读"技巧的唯一途径。因此，"立体阅读"的授课教师应首先拥有足够的训练量，从实践中感悟原理，把握细节，并按照所在学校学生的实际情况选择合适的训练难度和练习。教师自身实施训练的水平，如何创造性开展现场教学和因材施教才是根本。

第三节　初级阶段教学训练示范模板

这部分练习主要针对从来没有接受过"立体阅读"训练的初学者和年龄较小、涉世未深的小学生。练习由五个方面组成，分别是：五官感知的建立、感知式情境建立、情感捕捉训练、情境简要呈现和肢体艺术的魅力体验。每个方面的内容各代表一个由众多知识点组成的知识面，五个方面相叠加构成较为完整的"立体阅读"初级认识。学生通过一定训练量的练习牢固掌握知识点，进而对每个知识面有更加深入的了解。

一、五官感知的建立

表1　五官感知之"领导者"示范模板

教学主题	五官感知——领导者
三维教学目标	知识与技能：对看、听、闻、尝、摸等五感的激发及大脑五感的快速调动。
	过程与方法：情境游戏、教师讲解。
	情感态度与价值观：培养学生之间的合作关系、初步掌握情境化学习的能力。

续表

教学主题	五官感知——领导者
教学准备	教具：眼罩、可用于五官感知的物品各一个
适用对象	初级阶段
教学重点	让学生能够主动接受五官信息，并调动五感记忆，表达或表现该记忆。
教学难点	打破由五感接受后再由大脑处理的思维习惯，增强大脑调动五感的记忆能力。
课后思考	找出自身五官感知最为灵敏的一项以及最需要增强的一项，并找出增强的方法。

　　五官，即我们所熟悉的眼、耳、鼻、口、手，所对应的是人类的视觉、听觉、嗅觉、味觉和触觉。这些器官在我们生下来后就开始正常工作，为我们捕获来自世界的形形色色的信息。然而，习以为常竟会让我们忽略它们所带来的重要信息。视而不见，听而不闻，正是形容这种现象。这部分练习聚焦让初学者真正打开五官，畅通无阻地感受五官接受信息的过程及内容，并加以一定程度的组合运用，体验那个比我们脑海中原本所认为的更加丰富的世界。

二、感知式情境建立

　　有了五官畅通无阻的感知作为基础，感知式情境建立就有了可能。"情境"是"立体阅读"的关键概念，我们学习"立体阅读"就是要设法让学生生活在情境里一段时间，充分感受情境里的细节。这些细节通常源于文字，但却是文字中没有的。情境的建立需要由经验丰富的教师耐心引导，根据学生现场的即兴反应迅速作出判断和指导。教师和学生的双向配合，最终建立起一个来自学生五官感知的情境。

表 2　情境建立之"我是家务小能手"示范模板

教学主题	情境建立——我是家务小能手
三维教学目标	知识与技能：训练学生们在没有（或稍有）实物情况下的想象力和动作能力，激发学生的劳动能力和生活能力，并建立起情境。
	过程与方法：情境游戏、教师讲解。
	情感态度与价值观：培养学生之间的合作关系、初步掌握情境化学习的能力。
教学准备	教具：积木块／椅子、一小块新毛巾
适用对象	初级阶段
教学重点	让学生能够拥有将生活信息记忆转化为情境的能力。
教学难点	需要积极调动起尘封已久的生活场景信息记忆，并且用语言与肢体双重表达将其证实。
课后思考	尝试去捕捉生活情境中的更多细节（例如，在家门口的院子里无实物地扫地：扫的都是碎石子，动作如何做；扫的都是棉花，动作如何做……）。

三、情感捕捉训练

　　建立起情境后，学生需要在情境里"生活"。区别于以让观众欣赏为主要目的的戏剧表演，"立体阅读"要求学生像平时一样自如地在情境里生活，而无须考虑教师或所谓的观众的反应。感受情绪和表达情绪是练习的重点部分。对于擅长表达的学生，我们需要理性地控制，判断哪些是不准确、不真实和不自然的；而对于不擅长表达的学生，教师就需要利用各种有效手段激发他们的情绪情感。

表3 情绪情感之"夸张的人们"示范模板

教学主题	情绪情感——夸张的人们
三维教学目标	知识与技能：掌握快速调动各种情绪的能力，并且能在规定情境与交流的过程中快速激发、运用。
	过程与方法：情境训练、教师讲解。
	情感态度与价值观：培养学生之间的合作关系、初步掌握情境化学习的能力。
适用对象	初级阶段
教学重点	让学生拥有快速激发各种情绪的能力。
教学难点	需要学生突破自身原有性格，尝试去表现多种不同的情绪。
课后思考	找出自身调动较慢且表现力较弱的一种情绪，并找出、记录下身边同伴在生活中对于该情绪较为极端表达的时刻。

四、情境简要呈现

当在情境里"生活"的学生有了积极且准确的情绪情感，那么，这种情感不仅会影响"生活"在同一情境中的其他人，还会反过来影响自己。更加重要的是，这一系列的化学反应会极大地丰富情境的细节，使情境更加精彩。该部分练习的重点聚焦在同他人交流过程中的信息传递和长时间生活在情境中对学生心理状态的考验。如果学生能坚持练习，情境就基本可以呈现出来。

表4 情境简要呈现之"生活中的他们"示范模板

教学主题	情境简要呈现——生活中的他们
三维教学目标	知识与技能：增强学生对生活百态的理解。掌握在规定情境中，合理交流，创造、表现故事的能力。

续表

教学主题	情境简要呈现——生活中的他们
三维教学目标	过程与方法：情境训练、教师讲解。
	情感态度与价值观：培养学生之间的合作关系、初步掌握情境化学习的能力。
教学准备	教具：椅子/积木块
适用对象	初级阶段
教学重点	掌握在规定情境中，合理交流、创造、表现故事的能力。
教学难点	情境呈现具备一定的逻辑和多彩的情感体验。
课后思考	回顾在表演的过程中，有无自身与角色产生共鸣、共情之处？如有，则深入分析角色的行动目的；如无，则找出角色与自身情感情绪体验不同之处，并就其原因展开分析。

五、肢体艺术的魅力体验

肢体语言是人类除了声音语言最具表现力的手段。但由于普遍缺乏较好的客观条件，学生在这方面的想象力和表达力很少被开发和利用。这部分的练习从肢体艺术溯源开始，剖析身体的每一寸表现形式，探索身体的潜力，引导学生进入用肢体表达情绪情感的思维世界。

表 5 肢体艺术的魅力之"寻舞追迹"示范模板

教学主题	肢体艺术的魅力——寻舞追迹
三维教学目标	知识与技能：初步了解掌握肢体艺术的发展过程，在进行肢体艺术的学习表演中探寻其魅力，追寻其源头。
	过程与方法：动作示范、教师讲解。

续表

教学主题	肢体艺术的魅力——寻舞追迹
三维教学目标	情感态度与价值观：学习通过人体的动作、表情姿态、情感、内心体验等多种内部与外部、心理和生理的技巧，构建一个审美欣赏和审美创造的空间。
适用对象	初级阶段
教学重点	使学生对肢体艺术的基本理论有一个初步了解，丰富学生肢体艺术理论基础知识，提高学生的肢体艺术素养。
教学难点	学习理论基础知识，克服肢体不协调，经过提炼、组织美化人的肢体动作。
教学步骤	环节操作详解
内容概述	领略肢体艺术魅力，溯源肢体艺术的发展。
导入环节 15 分钟	【舞中有话】 将学生分组，给出指定的几个规定情境，如"中彩票头奖""收到期待已久的好消息"。要求先用语言将其表达出来，当语言无法表达时，就感叹。当感叹无法表达内心的情感时，便歌唱。若歌唱也无法表达内心的情感时，就不由自主地手舞足蹈。 刚才的热身练习对应了《诗经·大序》中的一句话：情动于中而形于言，言之不足，故嗟叹之；嗟叹之不足，故永歌之；永歌之不足，不知手之舞之，足之蹈之也。 肢体艺术是人类最古老的艺术形式之一，通过有节奏的动作、行为等表现人的情感、生活和思想的方式。
课堂 环节一 20 分钟	【追溯探源】 经过刚才的热身，学生们对肢体艺术有了初步的认识，接下来是教师讲解环节（以下内容仅作参考，视教师情况而定）。 1. 舞蹈艺术的产生： 源于劳动说、图腾、巫术说、模仿说等。 2. 舞蹈的基本类别，按舞蹈特征： （1）专业舞蹈：古典舞、芭蕾舞、民族舞、现代舞、踢踏舞、爵士舞。 （2）国际标准交谊舞：拉丁舞（伦巴、桑巴、恰恰、斗牛、牛仔）；摩登舞（华尔兹、维也纳、探戈、快步、狐步舞）。

教学主题	肢体艺术的魅力——寻舞追迹
教学步骤	环节操作详解
课堂 环节二 10分钟	教室情况允许的条件下，根据学生的实际情况完成以下训练。 初学舞蹈基本功：压腿、压肩、推脚背组合、双脚背练习、把杆训练组合、劈叉、大踢腿、下腰。 初练舞蹈节奏训练：排队带着学生们绕教室四周活动，放欢快的音乐，通过快慢不同的走步，拉手绕圈小跑，变换不同的造型、步伐，吸引学生们的注意力，为下一课程做铺垫。
课后思考	肢体动作作为主要艺术表现手段之一，着重表现语言文字或其他艺术表现手段所难以企及的内在深层的精神世界——细腻的情感、深刻的思想、鲜明的性格，提高合作能力和集体荣誉感，提升肢体灵活性、柔韧性。

第四节　高级阶段教学训练示范模板

这部分练习主要针对已经接受过"立体阅读"初级阶段的训练者和更为成熟的中学生。下部的练习仍然由五官感知的强化训练、沉浸式情境训练、情感体验训练、情境综合呈现和肢体艺术的魅力呈现这五个方面组成。每个方面的内容都是对初级阶段内容的巩固和强化，并都增加了新的要点和要领。

学生通过较大训练量的练习牢固掌握知识点，进而全面理解"立体阅读"的要领，具备"立体阅读"的能力。

一、五官感知的强化训练

与初级阶段的训练不同，强化训练更强调五官感知和个人记忆之间的联系，并要求学生学会利用这种联系来重现往事。

五官感知的充分运用是完成训练的必要条件，否则很难和个人记忆真正联系起来，容易流于表面，或者呈现出完全生搬硬套的架空故事。个人记忆的调动和对生活常识的运用决定了重现的往事对学生产生多大的影响力，同时也决定了学生能在多大程度上从该练习中受益。

表 6　五官感知之"我是小小剧作家"示范模板

教学主题	五官感知——我是小小剧作家	
三维教学目标	知识与技能：联系常识，调动"五感"，让"五感"引导学生发掘更多侧面，再发挥想象进行表述，最后把"五感"收集到的信息延展成小作文。	
	过程与方法：情境游戏、教师讲解。	
	情感态度与价值观：培养学生之间的合作关系、强化情境化学习的个人能力。	
适用对象	高级阶段	
教学重点	让学生能够主动调动五感记忆，并且表达该记忆继而独立完成小作文。	
教学难点	通过描述五种感觉来写作文，把五种感觉运用在文章中，丰富作品。	
教学步骤	环节操作详解	辅助说明
内容概述	以游戏的形式，打开身体感知。	
导入环节 10分钟	引言："五感"是指人的五种感觉，听觉、视觉、嗅觉、触觉、味觉。五感让我们感受世界，让我们的生活丰富多彩。 首先教师将教室里的灯关掉，营造出停电的氛围，让学生在教室里自由活动，充分感知这时身体对环境的感知力。 接下来教师描述一段常见的生活情景：	注意做"停电"练习时，教室尽量保持空旷，避免学生之间发生碰撞。

续表

教学主题	五官感知——我是小小剧作家	
教学步骤	环节操作详解	辅助说明
导入环节 10分钟	【晚上，妈妈正在厨房做饭，妹妹在房间玩洋娃娃，忽然一下子停电了，大家都很着急】 提问学生：是不是太简略了？还可以怎样丰富这段情景，增加一些细节描述？要求大家运用五感，联系常识完成对情景细节的丰富。	注意做"停电"练习时，教室尽量保持空旷，避免学生之间发生碰撞。
课堂环节一 20分钟	1.运用五感法，联系常识，可以想到以下几点： （1）停电了，能看清东西吗？ （2）停电了，妹妹会怎么样？ （3）停电了，妈妈煮饭会有什么困难？ 2.接着运用常识，发挥想象，描述出"感觉"： （1）视觉：停电了，房间漆黑一片，伸手不见五指。 （2）听觉：妹妹吓得大声尖叫。 （3）嗅觉：厨房里飘来了饭菜烧焦的味道。 3.小小剧作家，丰富细节改编情景，完成小作文。 晚上，妈妈正在厨房里煮饭，妹妹在房间玩洋娃娃，忽然一下子停电了，家里漆黑一片，伸手不见五指。这时房间里传来了妹妹的尖叫声，妹妹被吓坏了，厨房里飘来了饭菜烧焦的味道。家里一片混乱，大家都不知所措。	要求学生尽可能地记住自己体验时的表情神态。
课堂环节二 15分钟	练一练：经过环节一的示范，学生们在教师的引导下完成以下两个新练习。 【放学铃声响了，我急急忙忙冲到门口，却发现下起了大雨】小小剧作家根据五感，联系常识，进行再次创编。 视觉：　　　　　　　听觉： 触觉：　　　　　　　感觉： 【回到家，妈妈把饭菜端来，我赶紧吃了起来】 视觉：　　　　　　　听觉： 嗅觉：　　　　　　　味觉： 改编结束后记得站上舞台自信地来一次完整的表达。	

续表

教学主题	五官感知——我是小小剧作家	
教学步骤	环节操作详解	辅助说明
课后思考	只要对日常生活留心，熟记"五感"，就能凭借它的引导，创作出情节丰富、描写生动的小作文，每个人都能成为小小剧作家。	

二、沉浸式情境训练

沉浸式的特点是不仅要充分运用五官感知，还要积极主动地利用音乐、布景、道具、服装等辅助手段来建立起更加具有感染力和体验感的情境。

比起初级阶段的练习，这一阶段更强调对细节的刻画。学生不再被允许建立一个"大概"或者"差不多"的情境，而是要细致到一针一线、一片一瓦（根据客观条件）。教师应充分掌握沉浸式情境的标准，引导学生回忆细节、想象细节和创造细节。

表 7 情境建立之"小导游"示范模板

教学主题	情境建立——小导游
三维教学目标	知识与技能：掌握将视觉信息记忆转化为情境的能力，并能够以小组的形式建立起基本情境。
	过程与方法：情境游戏、教师讲解。
	情感态度与价值观：培养学生之间的合作关系、强化情境化学习的个人能力。
教学准备	教具：纸张、画笔、积木块／椅子
适用对象	高级阶段
教学重点	让学生能够拥有将视觉信息记忆转化为情境的能力。

续表

教学主题	情境建立——小导游
教学难点	需要调动起尘封已久的视觉信息记忆，并且用语言表达将其证实。
课后思考	尝试去捕捉情境中的更多细节（例如：一个吱吱作响的楼梯，楼梯的扶手是否有缺角，楼梯是否掉色……）。

三、情感体验训练

当有人在旁边观看时，绝大多数人会下意识地戴起心理面具以掩饰自己的深情流露。因此，在大庭广众之下的深度情感体验一般来说是比较困难的，这一普遍现象成为训练情感体验的重要阻碍。

该教学主题针对这一现象，为卸除心理面具专门设计，作为走入心灵的"金钥匙"。作为"立体阅读"另一个核心概念，情感体验是认识自己、影响他人和丰富情境的重要手段。"立体阅读"若缺失情感体验，就会倾向极其理性，效果就变得单薄和苍白无力。

表 8　情绪情感之"情绪共和国"示范模板

教学主题	情绪情感——情绪共和国
三维教学目标	知识与技能：尝试以视觉、听觉及动觉的艺术创作形式，表达丰富的想象力和创造力，体验练习中的情绪感受与表达。
	过程与方法：情境训练、教师讲解。
	情感态度与价值观：培养学生之间的合作关系、强化情境化学习的个人能力。
教学准备	教具：事先准备好的课堂卡片
适用对象	高级阶段
教学重点	让学生感受并表达出该情境中目标语句的表情与肢体动作。
教学难点	需要学生突破自身原有性格，尝试去表现多种不同的情绪。

教学主题	情绪情感——情绪共和国
课后思考	从不同的情绪中，发挥想象力感受不同的语气，融入自己的感情，把声音掌控好，利用身体动作和表情来帮助自己表达某些语气。

四、情境综合呈现

这一阶段综合呈现中的情境比初级阶段更为复杂。情境的真实性、行动的积极性、交流的逻辑性和学生在情境中的韧性，缺一不可。可以通过有效教学手段激发学生更加丰富和深层次的想象力，使其体验感更加强烈。高质量完成这部分练习不仅需要大量、系统阅读，还应全面深入生活种种细节，细心观察袅袅炊烟，认真品味感受人间冷暖，积累最鲜活、最真实的生活素材。在"立体阅读"里，生活永远是最强大的资源宝库。

表9 情境综合呈现之"创造故事，表现故事"示范模板

教学主题	情境综合呈现——创造故事，表现故事
三维教学目标	知识与技能：强化学生对生活百态的了解。掌握在规定情境中，合理交流，创造、表现故事细节的能力。
	过程与方法：情境训练、教师讲解。
	情感态度与价值观：培养学生之间的合作关系、强化情境化学习的个人能力。
教学准备	教具：椅子／积木块
适用对象	高级阶段
教学重点	掌握在规定情境中，合理交流，创造、表现故事细节的能力。
教学难点	情境呈现具备严密的逻辑、丰富的细节和多彩的情感体验。
课后思考	回顾在练习的过程中，有无在符合生活逻辑的同时，用行动清楚地证实所需证实的人、事、情境。

五、肢体艺术的魅力呈现

经过初级阶段的训练后，学生对肢体艺术有了基本的了解和掌握。这一阶段的练习将循序渐进通过不同的肢体小组合，找到自身的重心平衡，提升学生肢体协调性，并增强肢体的延展性，学会用肢体来"说话"，更好地服务于呈现情境和故事。

表 10　肢体艺术的魅力之"肢体'雕刻'"示范模板

教学主题	肢体艺术的魅力——肢体"雕刻"		
三维教学目标	知识与技能：通过对肢体的运用，建立情境，展现不同的"故事"。		
	过程与方法：动作训练、教师示范、教师讲解。		
	情感态度与价值观：提高学生的想象力、思考力、表达力，强化情境化学习的肢体表达能力。		
教学准备	教具：音乐素材		
适用对象	高级阶段		
教学重点	增强肢体的延展性，用肢体来呈现情境和故事。		
教学难点	需要学生将肢体和综合性思维进行融合。		
课后思考	回顾练习，结合自身，思考自身在利用肢体进行表达时，是否有一刻相信了当时当刻的主题、情境、事件和情感等？抓住这些时刻，并思考如何才能将这些时刻延长。		

第五节　教学训练示范

开展"立体阅读"不仅丰富了教师的教学手段，也使学生能够更加感性地体验世界，通过理性地梳理准确表达。因此，在进行训练的过程中，应充分与教育教学相结合，使教育资源和教学方式相适应，利用初级和高级两个阶段的学习成果，使"立体阅读"成为能切实加深理解文学作品和历史、提高学生人文素养的艺术化教学方法。

一、诗歌

诗歌是中华文化的瑰宝，篇幅不长，但却总是余音绕梁。学生在学习诗歌时，虽然比较容易进入理性的字词句分析中，但难以到作者笔下的那个遥远的世界去亲自游历、体验一番。"立体阅读"提供了一个穿越时空的契机，带着学生来到诗歌中描绘的情境，和主人公一起品尝人世间各种酸甜苦辣。

表 11 诗歌《静夜思》示范模板

教学主题	诗歌——《静夜思》	
三维教学目标	知识与技能：理解、背诵《静夜思》。	
	过程与方法：戏剧游戏、教师讲解、阅读理解。	
	情感态度与价值观：培养学生对生活的热情、对祖国和家乡的热爱，提升学生自主学习能力。	
教学准备	教具：场景图片、音乐、积木块/椅子	
适用对象	高级阶段	
教学重点	理解、背诵《静夜思》。	
教学难点	将文字转化为情境，感知情境并用语言二次表达。	
教学步骤	环节操作详解	辅助说明
内容概述	将诗歌《静夜思》中的情境呈现出来，以作者的身份在情境中"生活"，由此理解诗中之意。	

教学主题	诗歌——《静夜思》	
教学步骤	环节操作详解	辅助说明
导入环节 15分钟	由图片引入，以问答的形式引导学生。（例如，从图上看到了什么？从图上知道了什么？联想到什么？）同时，以动作示范、故事讲解的形式，让学生了解作者李白。	
课堂环节一 10分钟	利用教室中的教具（以积木块/椅子为主），将图片中所看到的东西搭建出来，形成一个符合该诗歌的情境，并让学生适应情境。	用积木块/椅子搭建出形似的物体代替即可。
课堂环节二 30分钟	以作者的身份、视角，以诗歌内容为主干，在情境中行动。 例如，从图片/诗歌（导入环节解读）中可得到：看到了月光照在床前的窗户纸上、抬头看月亮等。 那么，作为作者在情境中行动时，要有图片/诗歌中得到的这些信息，同时可根据自身的感知添加符合逻辑的元素。就像生活中我看到冰激凌，想吃，才会走过去买一样。 例如，我躺在床上，看到了床前的窗户纸上照着明亮的月光，我觉得很像一片白雾、一层秋霜，想要起身去看看。慢慢起身，走到窗前推开窗想看个仔细，竟看到了一轮圆圆的明月挂在夜空中。这月亮是多么亮，让我抬着头看得入迷，看着看着，突然想起快要到正月十五了吧，这不禁让我想起了远方的家乡，内心难过、思念的情绪一下涌上心头，使我低下头默默思念起来。（以上为"我"的感知、联想产生在情境中的行为，仅作参考） 在以作者的身份感受了情境后，再次以问答的形式，引导学生用语言表达自己所感受到的事件、情感，再引导学生理解诗歌的意思以及所表达的情感。 最后背诵诗歌，并用自己的语言解释诗歌。	1. 借助音乐来加速进入情境。 2. 在过程中一定要阶段性地引导学生。 3. 在理解诗歌意思的基础上再进行背诵。

续表

教学主题	诗歌——《静夜思》	
教学步骤	环节操作详解	辅助说明
课后思考	在情境训练中，自身感受到的事件发展、情感有什么特别之处？ 在背诵的同时，多用自己的语言、动作来解释诗歌。	

二、小说

小说的篇幅一般都比较长，情境的变化也很多，把小说全部内容转化为情境去阅读是不现实的。因此，对小说的立体阅读显得更为必要，它可以帮助学生体验蕴含在文字中不同的社会背景、作者的创作初心、人物多彩的性格和刻骨铭心的情感。

小说转化为情境，对呈现的情境一定要有准确的内容资源选择，否则难以体悟到文章的核心思想和育人价值。教师在引导的过程中，应时刻关注学生的状态，做到情境细节丰富、注意力保持长时间专注、情感的流露自然。教师的引导水平和判断力在这个环节尤为关键。

以下练习以部编人教版语文三年级上册《卖火柴的小女孩》为例，选择三个角度建立情境，供需要的教师参考。

表 12　小说《卖火柴的小女孩》示范模板

教学主题	小说——《卖火柴的小女孩》
三维教学目标	知识与技能：重现《卖火柴的小女孩》一文中的重要场景以加深理解。
	过程与方法：阅读理解、情境综合呈现、教师讲解。
	情感态度与价值观：提高学生对经典文学作品的解读能力，特别是感性的艺术化解读能力。文学与艺术不可分割，"立体阅读"为品读经典作品提供了全新的角度。

续表

教学主题	小说——《卖火柴的小女孩》	
教学准备	教具：场景图片、音乐、若干积木块、若干桌椅	
适用对象	高级阶段	
教学重点	感性体验和理解文学作品中的环境和人物经历。	
教学难点	选择合适的片段，将文字转化为情境，在情境中体验并用语汇进行二次表达。	
教学步骤	环节操作详解	辅助说明
内容概述	将《卖火柴的小女孩》中的部分情境呈现出来，以作者或小女孩的身份在情境中"生活"，以充分理解文中之意。	
导入环节 15分钟	由图片引入，以问答的形式引导学生。（例如，从图上看到了什么？从图上知道了什么？联想到什么？）同时，以动作示范、故事讲解的形式，让学生了解时代背景、人物经历等基础信息。	
课堂环节一 10分钟	根据文中提供的信息，选择合适的片段作为情境。片段可以是作者的第一视角，也可以是小女孩的第一视角；可以是文章中出现的，也可以是文章中提供了线索但没有出现的。利用教室中的教具（以积木块/桌椅为主），将情境中出现的场景搭建出来，并让学生适应和熟悉情境。	用积木块/桌椅等搭建出形似的物体代替即可。
课堂环节二 30分钟	情境的选择对于篇幅较长的文章来说非常重要。本文可以从多个角度来选择合适的片段，以下举三个例子，教师可以按此思路举一反三，融会贯通。 1.以作者的视角进入情境，可以是旁观者，也可以是路边某个房屋的主人，还可以是想帮助	1.借助音乐来加速进入情境。 2.在过程中一定要阶段性地引导学生。

教学主题	小说——《卖火柴的小女孩》	
教学步骤	环节操作详解	辅助说明
课堂环节二 30分钟	小女孩但受到种种原因影响没有成功的路人……作者目睹了小女孩在寒冬之夜的遭遇，发现了新年朝阳下那一具小小的尸体。 2. 以小女孩的视角进入情境，建立起一个奶奶去世前的家庭日常情境。赌博成性、酗酒成瘾的父亲经常会因为琐事殴打小女孩的妈妈，还会因为她做家务不利索而虐待她，母女二人经常吓得抱在一起痛哭……在这个不幸的家庭中，只有奶奶才能保护她。奶奶一出声，爸爸就不敢说话了。在小女孩的心里，奶奶的笑容能融化全天下最寒冷的冰。根据以上想象出来的线索，我们可以建立起一个包含上述信息的家庭晚餐情境。 3. 以小女孩的视角进入情境，建立起一个奶奶去世了的家庭情境。奶奶因为年迈即将离开人世，临终前，她悄悄把小女孩叫到床边，把唯一值钱的挂件送给了她，并嘱咐她不要告诉爸爸，以后实在饿了，可以拿去卖了换吃的……小女孩紧紧握着奶奶的手，哭成了泪人。她多希望奶奶不要走啊！没多久，凶恶的父亲就发现了小女孩的挂件，还责怪妈妈帮着小女孩一起欺骗他。妈妈实在受不了这般非人的生活，在一天晚上偷偷离开了家，再也没有回来。奶奶的去世让父亲变本加厉，他很快就输掉了挂件，还逼着小女孩上街卖火柴，只要有一根没卖完，就骂她打她……对小女孩来说，去天堂和奶奶相会是她最大的心愿。 教师引导学生建立起以上三个情境（或更多情境），可以独立呈现，也可以按照时间顺序呈现。学生在情境中体验作者和小女孩的心路历程，感受作者写下这篇文章时内心的巨大波澜，从而认识到这篇文章真正的文学艺术价值所在。	3. 鼓励学生完成一次不间断的情境呈现。 4. 鼓励学生勇敢地体验情感和表达情感。笑与哭，痛苦和喜悦，绝望和希望等都是最宝贵的体验。

续表

教学主题	小说——《卖火柴的小女孩》	
教学步骤	环节操作详解	辅助说明
课后思考	在情境呈现时，自身感受到的事件发展、情感有什么特别之处？是不是完全和作者笔下的一样？请记下哪些是和文章中相似的，哪些是截然不同的，思考为什么会不同，并和教师、同学分享。	

第四章

立体阅读戏剧教育学情
分析及实践重难点

新时代阅读对象越来越多元化，从第一维度（文字）拓展至了第二维度（图像）、第三维度（情境）。这就意味着，基础的传统阅读模式也需升级，提升至能够满足多元化阅读载体、阅读对象的需求。阅读模式要从仅用视觉去获取文字、图片，升级为用视、听、尝、闻、触等多种方式去获得更多更复杂、更为立体的信息。阅读模式的"立体化"，带来更为感性且直观的体验。写作与阅读是相辅相成的过程，阅读是一个文字、信息、体验的内化，而写作是情感体验的外化和输出，是具有生命力和创造力的文字的外化。立体阅读戏剧教育促进阅读模式的升级，从而带动写作能力的提升。

第一节　学情调研及分析

一、问卷背景

2021年10月，"立体阅读"师资研修班在华东师范大学开班。本次培训以"立体阅读"课题为主要培训内容，依据戏剧可显性结合"课程思政"和"五育并举"的特点，通过研修，提升中小学一线教师理解、培养学生五官感知的能力，将文字和视觉信息转化为情境的能力，在建立基本情境过程中的知识获取能力，在情境中体验、体现文字和视觉信息的能力，用行动来表达真情实感的能力，增强团队协作、创新开拓的能力。

为具体掌握参与研修班的教师所在学校开展影视戏剧教育的基本情况，课题项目组在培训前对参训教师进行了问卷调研。

二、问卷形式及内容

本次问卷采用了网络调研方式。调研对象为参加此次"立体阅读"师资研修班的全体教师。调研内容主要围绕教师自身所教授的科目的基本情况、教师对戏剧的了解程度以及校园影视戏剧教育的开展现况等。具体如下：

问题1：您主要授课的年级是？

A. 小学低年级（1—3年级）

B. 小学高年级（4—6年级）

C. 初中

D. 高中

问题2：您主要教授的科目是？（多选）

A. 语文

B. 历史

C. 英语

D. 政治（德育）

E. 艺术

F. 其他

问题3：您曾经去剧场观看过话剧/音乐剧吗？

A. 经常，我是粉丝

B. 只追明星/热点/单一类别剧目

C. 偶尔，单位组织才去

D. 从来没有

问题4：您对校园戏剧艺术有了解吗？

A. 了解，是提升学生人文素养的良好手段，并有较为明确的实施路径

B. 了解，但还不清楚如何同文科课程相融合

C. 了解，但认为仅仅是美育或社团娱乐的一部分

D. 完全不了解

问题 5：您之前参与过校园戏剧 / 课本剧的排练演出吗？

A. 有，我是负责人

B. 有，我参与过演出

C. 有，我负责幕后配合工作

D. 从来没有

问题 6：您之前参与过基于问题 / 任务导向的互动式、启发式与探究式课堂教学法（PBL）的研究或培训吗？

A. 有，并已开展实践

B. 了解，仍然在理论研习中

C. 仅仅听说过

D. 完全不了解

问题 7：您之前参与过情境式教育培训或实践吗？

A. 有，并已在教学中实践

B. 有，尚未在教学中实践

C. 有兴趣，但未参与过培训

D. 从未听说

问题 8：您了解学生对参与戏剧情境式教学的意愿吗？

A. 了解，兴趣强烈

B. 了解，愿意尝试

C. 了解，观望状态

D. 不了解

问题 9：本次培训您更愿意听理论性讲解，还是进行实践性训练？

A. 纯理论讲解

B. 偏重理论，结合实践

C. 偏重实践，结合理论

D. 纯实践

问题 10：您对本次培训的期待是？（多选）

A. 丰富文科教学手段

B. 拓展中小学德育方法

C. 排演校园戏剧 / 课本剧

D. 成为校园戏剧社团指导老师

E. 明确校园戏剧艺术实施路径

F. 感受戏剧艺术的魅力

G. 提升自我艺术修养

H. 和全国同行交流经验

三、问卷基本情况

根据问卷统计结果显示，本次参加"立体阅读"师资研修班的教师中有 6 成是小学授课教师，4 成是初高中授课教师，本次参训教师以小学高年级组为主，一定程度上体现了各个学校在该年龄段开展戏剧教育的愿望相对比较强烈。在这些参与培训的教师中，76.47% 教授的是语文科目，17.65% 教授的是政治（德育）。不过值得注意的是，参与培训的艺术类教师只有 5.88%，和历史、英语教师占比相同。这一组数据说明美育德育与文科课程的融合，已成为中小学戏剧教育资源研发级教学方式探索的重要方向。同时，其在融入其他非文科类学科教学的发展空间依然广阔。

对于是否曾经去剧场观看过话剧／音乐剧这一问题，表示不曾看过话剧／音乐剧或者偶尔单位组织才去的教师人数超过半数，只有 23.53% 的教师选择经常进剧场看剧。

在谈及对校园戏剧艺术的了解时，49.02% 的教师表明了解，但还不清楚如何同文科课程相融合，19.61% 的教师表明了解，但认为其仅仅是美育或社团娱乐的一部分，也有 25.49% 的教师觉得校园戏剧艺术是提升学生人文素养的良好手段，并有较为明确的实施路径，仅有 5.88% 的教师完全不了解。对于是否参与过校园戏剧／课本剧的排练演出，80% 的教师表示有过这方面的实践经历。对于是否参与过基于问题／任务导向的互动式、启发式与探究式课堂教学法（PBL）的研究或培训，70% 以上的教师表示有参与过，已开展实践或仍在学习理论当中。根据这些数据我们不难发现，不少学校已经对在校园内以 PBL 模式开展戏剧教育表现出了浓厚的兴趣，其中有一部分学校已经开始了有益的尝试。笔者认为，戏剧教育在中小学校的开展和普及是有一定土壤的，前景非常广阔，但大部分教师是兴趣有余，实践不足，也因此并没有形成比较完善的校园实施路径，亦没有比较成熟的教学成果。

除了教师，问卷中还提到是否了解学生对参与戏剧情境式教学的意愿，超过 40% 的教师表示自己的学生完全愿意参与，兴趣非常强烈，30% 的教师表示学生愿意尝试。我们把教师和学生作为两个层面结合起来，非常多的教师有兴趣且有过尝试；从学生层面，较高的配合意愿能充分激发学生的主观能动性，两者相得益彰。

在本次报告显示的数据中，82.35% 的教师表示希望培训结合理论性讲解，以实践性训练为主，这与"立体阅读"课程的设计初心高度相符。最后在问及对本次培训的期待时，丰富文科教学手段、排演校园戏剧 / 课本剧、明确校园戏剧艺术实施路径是教师们最为关注的三大需求。

四、问卷总结

综合问卷调研，课题项目组发现：一是艺术类教师参与度不高，这反映了中小学校艺术专业教师本身配置不足。二是大部分教师是非自愿进剧场的，对于戏剧的了解比较粗浅，或处在一知半解的状态。对中小学戏剧教育信息的获取往往并非出于主动，渠道也极其有限。三是教师们普遍对"立体阅读"课程有兴趣、有创造力，但缺乏教学经验，因此，"立体阅读"将理论素养提升及教学实践能力提升并重，侧重手把手教、一招一式的教学实践，并辅以相关专家的专题理论讲座。四是"立体阅读"被教师们认为是提升文科类学科教学质量、贯彻"双减"政策，以及加强艺术特色学校、戏剧特色学校顶层设计的重要资源和途径。

通过对本次问卷报告的数据分析，我们了解到目前中小学文科类与德育类教师的教学方法拓展方向，帮助教师们唤起学生"立体阅读"的兴趣，提高学生"立体阅读"的能力。问卷测评的目的在于及时了解各地学情，找到影响因素和进行有效提升。中小学生阅读素养、人文素养及影视戏剧教育的研究试验，是让孩子参与进来，在身临其境中、在感同身受中、在体验实践中、在潜移默化中强化他们的爱党爱国之情，使德育真正入脑入心。通过"立体阅读"训练促进学校文科教学高质量和多样化发展，为学生未来发展所必备的核心素养奠基，推动"立体阅读"的学术研究与实践，构建面向未来的新时代阅读文化。"立体阅读"立足立德树人根本目标，既丰富了教育教学资源，也是有效的教育教学手段。

第二节 实践重点与难点

《关于全面加强和改进新时代学校美育工作的意见》明确，在学生掌握必要基础知识和基本技能的基础上，着力提升文化理解、审美感知、艺术表现、创意实践等核心素养，深化教学改革。著名戏剧理论家余秋雨先生认为："戏剧是学习语言最好的方式和手段。孩子们在真实的语言交流场景中以戏剧角色的身份去听和说，这尤其符合儿童学习发展的需要。"戏剧教育是用戏剧方法将戏剧元素应用在教学或社会文化活动中，让学习对象在实践中达到学习目标和目的；重点在于学员参与，从感受中领略知识的意蕴，从相互交流中发现可能性、创造新意义。在欧美一些国家，校园戏剧是一种非常重要的培养学生全面素质和能力的教学方法，甚至被认为是一种最好的教学手段。我国越来越多的家长认识到戏剧的作用以及其对孩子全面素质培养的重要性。因此，作为教学手段的戏剧即将迎来在国内发展的重要时期。①

上海戏剧学院彭勇文教授在《初高中连贯 因地制宜 多学科协作 美国公办中学戏剧教育探微》一文中展示了美国戏剧教育协会与犹他州立大学合作开展的一项关于戏剧课程对高中生综合能力影响的研究，结果显示99%的高中管理者认为，戏剧项目有助于提高学生的自信心、自我理解能力和自律能力；100%的高中管理人员认为，戏剧项目有助于培养学生的创造力；91%的学校管理人员认为，学习与表演戏剧有助于提升学生的综合

---

① 褚春梅.教育戏剧，让儿童卷入语文学习的价值自觉的涡流［J］.新课程（中），2018（10）：7.

学科能力。[①]

　　从美国波士顿贝尔蒙特学区高中戏剧课评价体系表中，我们可以看到学生被分成了台前和幕后两类，最终成绩由学生自评和教师评价两部分组成，各个评估项照顾到了学习过程的方方面面，应该说是比较科学的。当然，该评价体系依然是以主观印象为主，缺少客观标准，这是戏剧教育面临的一大难题，同时，这也是戏剧教育最大的特色之一。

表 13　美国波士顿贝尔蒙特学区高中戏剧课评价体系表——戏剧
课程小组工作评估表

	工作流程 Process	分数（0—4 分）
学生自评	计划（Planning） 在本组的文档中，小组所演出的故事有一个完整的叙事结构，并且有周全的排演计划，并记录在案。	
	排练（Rehearsal） 表演效果显示了小组周全的排演计划和充足的排练时间，服装、道具和布景使用恰当。	
	技术手段 Technical Skill	
	专注和投入（Commitment and Focus） 从表演的开始到结束，本组演员能专注、投入地开展角色表演。	
	舞台的使用（Physical Use of the Stage） 登台表演时，演员们能充分意识和使用舞台空间，很清楚地为观众表演。	
	声音的运用（Vocal Work） 观众能清晰地听到演员们说的台词，音量适中、措辞准确。	

---

① 　为什么美国中小学重视戏剧教育 ［J］. 华人时刊（校长），2015（11）：11.

续表

学生自评	艺术效果 Artistry	
	戏剧创造力（Creativity Theatricality） 演出的整体效果良好，故事情节丰富，人物塑造、角色对话、舞台调度和现场执行都富有创意。观众看得饶有兴趣。 表演（Acting） 每位演员都能在舞台上创造完整的角色，结合舞台呈现和表演技术，不断打磨角色的表演。	
教师评价		

表 14　美国波士顿贝尔蒙特学区高中戏剧课评价体系表——戏剧排练小组参与评估表

积极参与排练的行动	自我评分	教师评分
收集材料，布置工作空间，在排练开始时，做好各种准备工作。	□很强 □可以 □不足	□很强 □可以 □不足
一直全力参与排练，没有离开主要任务，自己不分心，也没有让别人分心。	□很强 □可以 □不足	□很强 □可以 □不足
主动创造支持性、建设性、彼此尊敬的排练气氛。	□很强 □可以 □不足	□很强 □可以 □不足
当别人说话时，认真地倾听并给予适当的回应。	□很强 □可以 □不足	□很强 □可以 □不足
在讨论中、制订排演计划和排练过程中，作出积极的贡献，以增加团队的创造性产出。	□很强 □可以 □不足	□很强 □可以 □不足
当同伴或教师对自己的艺术成果给予评价和反馈时，能够适当地回应和采纳。	□很强 □可以 □不足	□很强 □可以 □不足
恰当地使用各种材料和资源（包括技术设备、道具、服装和教室空间等）。	□很强 □可以 □不足	□很强 □可以 □不足

　　因中美文化存在较大差异，我国中小学戏剧教育应立足我国国情，育情学情。那么，我们应该深入思考两个问题：中国学生普遍缺什么？戏剧教育可以为中国学生带来什么？

　　第一，自信与自尊。在竞争日益激烈的大小环境里，越来越多的学生厌恶"内卷"[①]而倾向于"躺平"[②]。什么是内卷？电影院站立看电影效应[③]这个例子比较容易说明问题。这种"内卷"其实源于焦虑、恐惧以及由此导致的自信心及想象力的贫乏，进而盲目、被动地被裹挟到一些可能并不适合自己的活动及竞赛中。由此，被动不良竞争影响学生对自己能力的认知，久而久之变得越来越缺乏自信与自尊。

　　第二，团队协作能力。当代学生很大一部分来自独生子女家庭，以自我为中心的意识相对较强，相对容易缺乏集体观念和团队奉献精神。具体表现为很多学生在团队合作中不懂得控制自己的情绪，或者根本没有情绪控制意识，破坏了宝贵的团队凝聚力。同时，也有同学对团队合作存在较大的抵触心理，在整个过程中缺少主动交流的能动性。[④]有的学生受"枪打出头鸟"思想的影响而不愿成为团队领袖，有些学生担心被某些性格强势的同学领导，成为被"PUA"[⑤]的对象。

　　第三，语言表达能力。互联网已经全面渗透到生活的方方面面，使得

---

① 内卷，网络流行语，原指一类文化模式达到了某种最终的形态以后，既没有办法稳定下来，也没有办法转变为新的形态，而只能不断地在内部变得更加复杂的现象。经网络流传，很多高等学校学生用来指代非理性的内部竞争或"被自愿"竞争。

② 躺平，网络流行语，指无论对方作出什么反应，你内心都毫无波澜，对此不会有任何反应或者反抗，表示顺从的心理。

③ 影院中本来大家都坐着看，但如果第一排有个人站起来了，他后面的人为了不被挡住，也会站起来，其他人见状同样会站起来。最后大家都只能一起站着看，看的也还是同一部电影，所有人看电影的成本都会增加。

④ 参见：吴兰.当代大学生团队意识现状与解决对策［J］.科技资讯，2019，17（25）：224，226.

⑤ PUA，网络流行语，指打击别人，使其没有自信，同时认为现在就应该多学习、多工作，由此体现如今的学生团队协作能力的缺失。

学生更喜欢在网络环境中用流行的网络语言交流，加之学生课业负担较重，人与人面对面交流的机会逐渐减少，形成自我封闭的态势，不愿对人敞开心扉，这对人格健康发展比较不利。此外，在写作中会因缺少必要的生活体验，文章显得平淡如水。语言表达能力较弱还表现为性格内向、回答问题时声音太小、形象思维较弱、词汇匮乏、甚至因不知从何说起而选择干脆不说。语言表达不清，或前后矛盾，缺乏条理。同时，以自我为中心的学生在讨论交流中不能充分尊重别人，听不进别人的意见，说话不分场合，表达随心所欲，忽视别人的感受。

第四，抗压能力。中小学生处在从幼稚迈向成熟的过渡阶段，主要任务是学科学习，与社会接触很少，生理快速发展，但心理尚未成熟，主要体现为意志力较为薄弱，心理素质相对较差。这些使他们在学习生活中更容易产生挫败感。到底用什么样的态度去面对挫折？积极或是消极？这与中小学生的挫折承受能力有着密切的关系。众所周知，良好的挫折承受能力是心理健康的重要标志之一，更是成长和成才的必备条件。近年来的相关研究结果也显示，无论是大学生还是中小学生，心理健康状况都或多或少地出现了一些问题，不断凸现的心理问题已经明显影响着部分大学生的智能素质、人格成长和身体健康。

戏剧教育课程资源及教育教学模式应着力于培养与提升中小学生自信和自尊、团队写作能力、语言表达能力及抗压能力等方面的素质，探索形成一套系统的"立体阅读"教育教学方案。

一、课程意义

（一）跨学科融合对传统阅读的意义

本课程以生动活泼的互动式教学手段，多样化提升文科课程的教学效果，从而提高想象力和创造力。课程旨在激发和培养学生的五官感知能力，掌握将文字和视觉信息转化为情境的能力，具备在建立情境过程中所必要的想象力和创造力，具备在情境中体验和体现文字和视觉信息的能力，具备用语言和行动来表达情感的能力。

（二）戏剧教育丰富传统阅读理念

叶圣陶先生有言："天地阅览室，万物皆书卷。"在信息爆炸的当下，传统阅读理念已然有些许不足，已无法满足多元化阅读对象的需求。阅读已不仅是靠视觉获取信息，而是以五官感知的形式被重新定义。戏剧教育在内容上丰富有趣，在形式上生动活泼，呈现出多样化和灵活性等特点，其中的元素训练和角色创造艺术能以多种形式应用于传统阅读——戏剧游戏、情境训练、多人交流、课本剧排演等可根据不同学情灵活调整，为丰富和拓展阅读理念、内涵及形式提供了较为广阔的空间和可能性。

（三）情境化训练补充传统阅读方式

传统阅读方式是学生通过视觉在纸质印刷品中获取信息并理解。21世纪以来，新媒体大量兴起，阅读对象早已发生变化——二维图像、三维影像和四维情境接连涌现。情境化训练倡导将文字进行立体式理解，通过营造情境，供学生在情境中体验、理解、表达，再进行思考、想象、创造，从而达到对阅读对象立体式的认知和理解。

二、重点

（一）释放学生的真情实感

真情实感即真挚的情感、实在的感受。真情实感是人本能的一种生理反应。例如，在路边看到一只受伤的小猫会产生怜悯的感情；看到电视剧里某些打动人的情节会跟着角色一起高兴或难过，这些都是所谓的真情实感。真情实感的体验是认识自己、认识社会、认识世界，甚至影响他人的重要手段之一。2021年课题项目组织专家讲授了"入戏"——戏剧情境教学法、肢体艺术的魅力、"立体阅读"情境训练法、"立体阅读"视域下情境化训练的重点与难点、中小学德育美育融合创新实践等课程，开展了中小学生人文素养及影视戏剧教育师资研修。在对师资进行培训的实际过程中，出现了以下三种情况：

第一，**缺乏真情实感**。在以《卖火柴的小女孩》为例的实践课程中，由两位助教和一位学员共同完成一段表演，两位助教扮演一对非常幸福的父女，而学员则是孤独的小女孩。在训练的过程中，一些学员看到父女幸福的举动后，并没有产生羡慕、伤心、痛苦等情感，甚至没有一丝动容。显然，他们在用理性控制自己的情感，在需要表现难过的段落就假模假式地难过；在需要表现开心时，就装模作样笑一笑。

第二，**真情实感的表达标签化**。在"零位练习"的环节中，要求由两个人共同完成，一人为"零位"状态，一人为"壹位"状态，由"壹位"组织、提供情境信息，"零位"适应并保持"乒乓球式"的即兴交流。其中有一位学员"非常聪明"地将练习中会发生的事情和自己会产生的情感都提前预设好，甚至将对手的反应也"规划"好了。这导致在整个练习过程中她都在按照"她认为的"内容进行标签化的图解表达。例如，她认为情节发展到这里要争吵了，她就必须表现得很生气，全然不顾对手给予的有效信息和传递过来的情感，仅仅依靠自己外在的变化（瞪大眼睛、双手叉腰、身板僵硬等）来表达愤怒情绪。

第三，**真实情感的体验不够细致**。在以《卖火柴的小女孩》为例的实践课程中，两位助教扮演父女，更换了一位学员扮演小女孩。这位学员与之前的那位不同，她切实地看到了那位父亲对女儿的宠爱，父女间感情之美好对比自己凄惨的遭遇不禁悲从中来，眼泪汪汪，流露出了真情实感。应该说，这个练习完成得比较成功。不过当询问她的感受时，她表示当时觉得小女孩有点孤单，仅此而已。她的真情实感仅仅停留在比较浅的层面，没有继续深入体验并抓住细节，对于真情实感的体验还不够细致。

图2　《卖火柴的小女孩》实践课程现场照片

由此可见，真情实感的流露和捕捉是非常关键的，是情境训练的重中之重。

（二）提升阅读和写作能力

阅读是获取信息、打开眼界、拓展思维的重要途径之一。写作是将信息进行创造性表述的一个过程，也是运用语言文字来进行表达的重要方式之一。由此可见，阅读和写作在一定程度上是相辅相成的。可以说，阅读是写作的前提和基础，只有在阅读中获取信息、获得感受，再通过创造性思维的理解，才会有写作的素材。那么，要提高写作能力，首先要提高阅读能力。

在师资培训课程中，以《卖火柴的小女孩》一文中原有的场景以及根据原文延伸出来的场景为例，建立一个情境，化身为一个角色，进入故事中，用多种方式更加直观地获取信息及其细节，更加感性地体验情绪情感。在这一过程中，学员所获得的信息内容较为丰富，角度较为多样和新颖。

（三）实践训练是"立体阅读"的核心

理论的学习都需要进一步的实践验证。"立体阅读"也是如此，灵活运用"立体阅读"课程的基本前提是根据实际情况不断地进行实践训练，这也是真正掌握"立体阅读"技巧的重要途径。系列研修课程利用戏剧教育多样化教学手段，充分挖掘和运用各学科蕴含的中华美育精神与审美观，推进课程思政和校园文化建设深度融合，以理论研究为基础，促进影视戏剧教育、德育和文科教育相融合的课程体系建设。

首先，是现场执行。由于"立体阅读"课程的环节没有固定公式，还受到客观条件（人数、场地、能力、积极度等）影响，因此在现场执行时，一定要对学情进行及时的研判并调整，以达到最好的教学效果。其次，应注重因材施教。参与实践课程的学员在各个方面的能力（想象力、创造力、注意力、思考力等）是存在差异的，而且课程中的大部分环节需调动感性的主观意识、个性化的情绪。

图 3　系列研修课程现场纪实

图3 系列研修课程现场纪实（续）

以上两点是"立体阅读"的根本，也是学员是否能从课程中受益以及受益多少的关键。

三、难点

教师的个人魅力、教学宗旨及方法是决定"立体阅读"课程推进顺利与否的核心因素。

（一）个人魅力

魅力，是对他人独特的吸引力。文章的魅力，决定了读者的喜爱程度；人的魅力，决定了他人的亲近程度。而教师的魅力，决定了学生与教师的交流程度以及对于教师教诲的接受程度。教师作为"立体阅读"课程的发起者以及引导者，其个人魅力（包括着装、体态、肢体语言、涵养、声音语言等因素）不仅可以促进学生的学习，保证课程更好地进行，而且对学生的个性、人格的塑造都会产生潜移默化的影响。

"声音语言"是"立体阅读"教师创造良好授课状态的重点，也是其个人魅力的关键部分。上海大学上海电影学院教师孙逊长期从事声音语言的研究，他认为演讲是"声音语言"最为直接的呈现手段。演讲又叫讲演或演说，就广义理解来说，凡是以多数人为听众进行的讲话，都可以叫演讲；狭义理解来说，特指在公众场合就某问题或某事件发表自己见解、情感的一种口语形式。但无论从哪种理解来看，"演讲"都每时每刻发生在我们的生活中。对于一名教师而言，上课时于讲台前传授知识必然也是一种演讲。

演讲大体可以分为四类，即照读式演讲、背诵式演讲、提纲式演讲和即兴式演讲。

照读式演讲：这种演讲方式比较适合大部分未受过声音语言训练或缺乏演讲经验的演讲者。它指的是演讲者拿着事先写好的演讲稿，走上讲台，逐字逐句地向听众宣读一遍。这种照本宣科的演讲方式，在一定程度上影响着演讲者与听众之间的思想感情交流。

背诵式演讲：这种演讲方式较适合受过一些声音语言训练或是有少量演讲经验的演讲者，它可以在一定程度上检验和培养演讲者的演讲能力。它指的是演讲者事先写好演讲稿，反复背诵，背熟后上讲台脱稿向听众演讲。其缺点是影响临场发挥，一旦忘词，就难以继续。

提纲式演讲：演讲者只把演讲的主要内容和层次结构，按照提纲形式写出来，借助它进行演讲，而不必一字一句写成演讲稿。其特点是既能避免照读式演讲和背诵式演讲与听众思想感情缺乏交流的不足，又具有照读式演讲和背诵式演讲的长处，可以事先对演讲的内容有所准备。是初级演讲者进一步提高演讲水平行之有效的方式。

即兴式演讲：演讲者预先没有充分准备而临场生情动意所发表的演讲，它是一种难度最大、要求最高、效果最佳的演讲方式。它可以根据实际情况，针对听众的心理和需要，迅速调动语言，灵活多变，以产生生动、直观和形象的感染力，是其他各种演讲方式都无法比拟的。

想要从最为原始的照读式演讲进化到即兴式演讲，不仅需要丰富的知识积累及演讲经验，还需要高超的演讲技巧，这些都是一名优秀演讲者必须了解且掌握的。

1. 演讲技巧之一："气、声、字"

"气"——气息。当我们呼吸时，应做到以肋间肌、膈肌和腹壁肌联合舒缩为主体，辅以其他呼吸肌的呼吸运动，称为胸腹联合呼吸。这样的呼吸方式可以保证演讲者拥有足够的气息去应对各种情绪和句型。

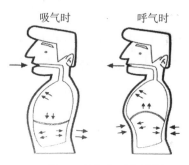

图 4　吸气和呼气图例

"声"——发声。声音是由音色、音高、音量、音长四个要素构成的。音色即声音的个性、特色。由于声带质量的不同，特别是共鸣腔体状态的差异，又有了不同的音色。音高即声音的高低。声带紧、薄、短，则振动快，声波频率高，声音的音高则高，反之音高则低。音量即声音的强弱。肌肉紧张用力，气流增强，声音强，反之则声音弱。音长即声音的长短。气流使声带振动的时间长，发音则长，反之则短。演讲者可以运用气泡音、鼻音哼鸣、基音练习、吹唇练习等去训练自身的发声方法。

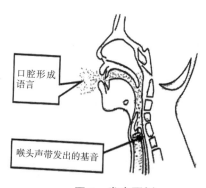

图 5　发声图例

"字"——吐字归音。以两首顺口诗来总结概括吐字归音之要点。

第一首：

学好声韵辨四声，阴阳上去要分明。

部位方法须找准，开齐合撮属口型。

双唇班抱必百波，抵舌当地斗点钉，

舌根高狗工耕故，舌面机结教坚精，

翘舌主争真志照，平舌资责早在增。

擦音发翻飞分复，送气查柴产彻称。

合口忽午枯胡鼓，开口河坡哥安争。

嘴撮虚学寻徐剧，齐齿衣优摇业英。

抵颚恩音烟弯稳，穿鼻昂迎中拥生。

咬紧字头归字尾，不难达到纯和清。

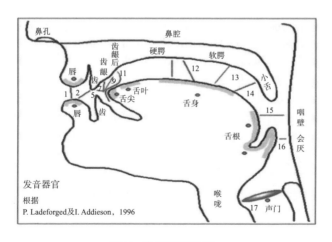

图6 发音器官图例

第一首诗对于不同的拼音音节正确朗读方法的提示，能解决大部分演讲者吐字归音的问题。

第二首：

起音高高一路平，从中到高往上升。

先降然后再扬起，从高降到最下层。

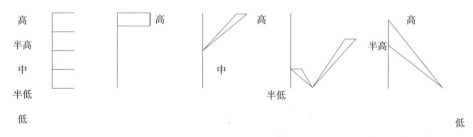

图 7　声调高低、升降、强弱示意图

第二首诗对于阴阳上去四声音调的描述则是解决了声调的高低、升降、强弱问题。

2. 演讲技巧之二："三把利剑"——逻辑重音、语调、停顿

逻辑重音指的是有时在一句话里，由于某些语词起着点明语意或刻画人物性格、揭示人物思想感情的作用，为了突出这些重要的语词，就运用恰当的力度强弱，把它点送清楚。逻辑重音的任务是揭示语言的内在含义。它是根据语言的目的而来的，是由语意所决定的，反过来又确定了语意。同样的一句话，由于说话的目的不同，就会在不同的词上加以强调来揭示不同的含义。

语调是说话的人对他所说的事物的态度所决定的语言的声音色彩。语言借助于语调而产生了巨大的力量，这种语调表明了人对周围生活现象复杂微妙的态度，同样一句话，由于说话的目的不同、对象不同、规定情境不同，语调也就有所改变。如：

这是谁的？（怎么没有人来拿）——询问

这是谁的？（讨厌，怎么到处乱放）——不耐烦、指责

这是谁的？（难道你不知道是我的？）——反问

语调是有声语言特有的，是根据我们对所说事物的态度而产生的。语

调既然是一种声音色彩就必须有高低、强弱、抑扬、长短、刚柔等不同的变化，才能表达出多种多样的语调。

停顿分为逻辑停顿与心理停顿。逻辑停顿即根据语言逻辑而产生的停顿，它是服从于语言规律的。例如：我不相信这是他干的（不是他干的）；我不相信 / 这是他干的（是他干的）。心理停顿与逻辑停顿不同，它不受语言规则的限制，是由感情支配的。心理停顿要有充分的内在根据，必须有真实的感情做基础。它往往是由于感情激动，或是要多加考虑或不愿说下去或说不下去而产生的，心理停顿是有机的沉默。例如：还是 / 你去（为了坚定地指出所选择的对象）；要么 / 他去（选择时犹豫不决）；你怎么了？我 / 没什么（欲言又止）。

（二）教学宗旨及方法

"立体阅读"课程体系下的教师，需要在传统教师的教学宗旨之上再导入一些全新元素和注意事项。

首先，需要具有"审美能力"。演员本身所具有的特性是"三位一体"，即演员集创作者、创作工具和创作成果于一身。表演艺术就是训练演员自身的艺术。而"三位一体"之根本就是实践，鉴于演员自身是创作工具这一特性，如果不是从实践中、从真情实感中去审美，就不是感性的审美、实践的审美，这种审美的意义价值就会降低。

同时，基于演员"三位一体"的特性，但凡只要在一个空间里进行角色创作，就必须开始卸掉面具——也就是说，它是挖掘创作者本身就有的真情实感，而不是需要创作者强加或者额外增加给自身的情感。强加或者别人灌输进去的，必然会出现排异，成为俗话中的"一招一式"和"拿腔拿调"。这绝不是我们在"立体阅读"中所追求的审美。

当然，"审美能力"指的不仅仅是对表演方法上的指正，也包括如何引导学员创造角色的精神世界。如上文所述，短视频审美往往注重于表演结果，而忽略过程。但情境式训练的真谛，在于学员对角色精神世界的创造，其中最重要的是对达到结果前的那一系列过程的创造，而不仅仅是最后的结果。短视频往往通过夸张的表情、格式化音效和硕大的字幕来直奔结果，这种标签式的图解表演是不被提倡且不应去追求的审美。

其次，在"立体阅读"课程中，当教师在判断学生给出的答案时，要十分注意自己的用词，应使用"准确与否"来代替"对与错"。情境下的角色创造源于生活，但高于生活，是对真实生活的艺术化呈现。真实生活是丰富多彩且具有万种可能性的，谁也无法预测下一秒会发生什么，因此一切皆有可能。没有对错，只有准确与否。

最后，是对学生的引导。一段合理而准确的表演是通过无数次的推翻得来的，结果固然宝贵，但更为宝贵的是在过程中得到的收获和提高。在这一过程中学生收获的不仅仅是知识，还有在一次次尝试后因挫败而带来的在抗压力、团队合作力等方面的提高，所以教师在这一过程中的引导尤为重要。作为教师，需要不断鼓励学生去尝试、去探索，甚至鼓励学生去"失败"，只有这样，学生才能收获除了知识以外的一些更为宝贵的品质。

判断和引导学生的方法，大致可以分为四步：

第一步，是否建立起一个合理的情境。如果没有，可以尝试从不同视角切入，慢慢使这个情境变得真实可信。

第二步，是否能自然地生活于情境。如果不能，可以尝试去捕捉情境中的更多细节加以创造完善，唤起学员的情绪情感记忆，这些都能帮助他们在情境里真实地生活。

第三步，是否具有充沛的情感。如果没有，可以尝试将故事主题、宗旨加以升华提炼，或者进一步深化矛盾，强化学员的本能在情境中的作用，使其有充沛的情感流露。

第四步，是否能用准确的方式表达情感。如果不能，可以尝试从情感逻辑、事实逻辑以及人物角色的分寸感等角度加以分析，解决学员因阅历尚浅或其他主观原因而导致的手足无措。

第三节　戏剧教育精品案例介绍

一、原创中英文音乐剧"追梦少年"系列

"追梦少年"系列是北京师范大学"创意戏剧·活力校园"第六届儿童国际戏剧节重点展演剧目，是由北京师范大学教育集团出品，北京师范大学石家庄附属学校和珠海市金鼎中学参演的原创中英文校园音乐剧。故事围绕一个叫鲁班的初三应届毕业生展开，鲁班的毕业典礼恰巧赶上了他的生日。全剧由六个篇章组成，由一名小小少年的烦恼，展开了一场父与子的对望；故事从赵州桥讲到港珠澳大桥，以两座跨越古今的桥梁，谱写了时代追梦人努力奔跑的华章。少年强则国强，少年的梦想是中国梦的力量。

这部剧带给观众的是对追梦的思考，对家国情怀的感悟。小主人公鲁班开始对于梦想的理解只是停留在口头上浅薄的阶段，但是当他真正站在港珠澳大桥宏伟的施工现场，看到爸爸为了践行梦想所付诸的努力、为了国家所付出的辛苦，他被爸爸的精神感染，才真正理解什么是梦想，什么是中国梦。这部戏剧作品从象征着民族骄傲的千年赵州古桥，到承载着中华复兴的百里跨海大桥，通过少年的一场梦，跨了千年，越了万里，讲了千言万语，绕了百转千折，让观众和主人公一起，穿越这场充满童趣的美梦，听历史传承，看父子情深，感家国情怀，立敬业精神。

图8　原创中英文音乐剧"追梦少年"系列

　　戏剧教育给学生带来的成长是非常巨大的，该剧让所有演员、观众，对于家和国、亲情与梦想都有了一个更高的认识。在实现中华民族伟大复兴的新时代背景下，青年学生们成为新一代的追梦人。该剧作为"新中国成立70周年献礼"，展现"大国工匠"精神，增强民族自信，以戏剧的力量鼓励更多青年学生在新时代的追梦路上勇敢前行。

二、"天地英雄气，时不待我追"，"少年英雄"系列原创剧目展演之《少年天骄》

　　音乐剧《少年天骄》作为"少年英雄"系列原创校园音乐剧作品之一，从2018年10月开始启动创作。从调研到确定创作方向，再到演员遴选，以及历时8个月的专业指导，由北京师范大学鄂尔多斯第二附属学校的孩子们演绎的作品《少年天骄》迎来了绽放时刻。

图9　"少年英雄"系列原创剧目展演之《少年天骄》

通过戏剧形式在孩子们心里种下一颗小小的种子，让他们知道什么样的人是英雄，并树立一种价值观、一个远大的目标。通过戏剧激发所有观演的孩子、参演的孩子以及家长、老师们对英雄概念的重新认识，通过艺术的手段来表达、找寻对于少年英雄的重新理解。

三、以戏剧滋养生命——原创改编校园戏剧《青鸟》展翅翱翔

北京师范大学亚太实验学校2019年度教育戏剧《青鸟》在北京世纪剧院顺利开演。作为北京师范大学"创意戏剧·活力校园"第六届儿童国际戏剧节和2019年西城区七彩梦想演出季的代表作品之一，亚太版《青鸟》由北京师范大学教育集团出品，北京师范大学亚太实验学校戏剧研究与发展中心、阳光戏剧社倾情出演。在历时三天的活动中，北京师范大学领导、

西城区教委领导、教育界同人、各大媒体嘉宾和北京师范大学亚太实验学校全体师生、家长代表共同欣赏了精彩的演出，并对小演员们惟妙惟肖的演绎和全剧工作人员的辛勤付出予以高度赞扬。此次进行公演的亚太版《青鸟》改编自诺贝尔文学奖得主、比利时著名剧作家莫里斯·梅特林克的同名代表作，该剧描写了蒂蒂尔和米蒂尔兄妹二人为邻家生病的女孩寻找青鸟的故事。兄妹俩在这一次历险中领会到了幸福的真谛：原来青鸟就在自己家里，而幸福就在身边。只有愿意把幸福分享给别人，自己才会感到幸福。

图 10　原创改编校园戏剧《青鸟》

114

四、原创中英文音乐剧《漫卷西风迢迢路》

《漫卷西风迢迢路》是"创意戏剧·活力校园"第五届儿童国际戏剧节代表作品，由北京师范大学盐城附属学校学生出演，于2018年12月在江苏盐城精彩上演。该剧以一堂魔法历史课为线索，以"一带一路"为创作主线，汲取东方历史故事与西方艺术形式的精华，引进一流创作团体，将"丝绸之路"的开辟与发展过程和世代中国人对和平合作的追求，以新时代的艺术形式诠释给观众，得到当地观众和主流媒体的高度评价。

图 11　原创中英文音乐剧《漫卷西风迢迢路》

《漫卷西风迢迢路》的故事随着一张魔法地图展开，带领同学们进行了一场时空旅行，从东汉到唐朝，甚至还来到了古罗马，追随祖先足迹，再行"丝绸之路"。在短短的90分钟内，将班超不入虎穴焉得虎子、造纸术西传、丝绸传入欧洲及文成公主和亲等著名的历史典故栩栩如生地再现在舞台之上，赞美了华夏五千年的璀璨文化和祖辈英雄们的丰功伟绩，鼓励学生传承大国文脉，续写民族复兴新篇章。

第五章

"传承红色基因，讲好中国故事"教育活动

2021年是中国共产党建党100周年，为深入贯彻落实习近平总书记关于"抓好青少年学习教育，让红色基因、革命薪火代代传承"①"共和国是红色的，不能淡化这个颜色"②"对我们共产党人来说，中国革命历史是最好的营养剂"③"要发挥红色资源优势，深入进行党史军史和光荣传统教育，把'红色基因'一代代传下去"④等重要论述及习近平总书记关于教育的重要论述，贯彻落实"十四五"规划关于"加强党史、新中国史、改革开放史、社会主义发展史教育，加强爱国主义、集体主义、社会主义教育，加强革命文化研究阐释和宣传教育"的要求，进一步推动落实教育部党组关于中小学生"读物管理"的相关部署，教育部教育装备研究与发展中心联合中国关心下一代工作委员会事业发展中心，结合工作实际，在前期调研的基础上，组织开展首届"传承红色基因，讲好中国故事"教育活动。

第一节　活动概况

"传承红色基因，讲好中国故事"活动旨在以丰富的红色教育资源培铸中小学生的家国情怀，真正做到学有所思、学有所悟、学有所得，以红色阅读实效夯实立德树人根基，大力营造共庆百年华诞、共创历史伟业的浓

---

① 习近平.在党史学习教育动员大会上的讲话［EB/OL］.（2021-02-20）［2023-11-20］. https://www.ccps.gov.cn/xxsxk/zyls/202104/t20210406_148301.shtml.

② 求是网.共和国是红色的！习近平今年两会这样谈"初心"［EB/OL］.（2019-03-16）［2023-11-20］. https://baijiahao.baidu.com/s?id=1628170698742728927&wfr=spider&for=pc.

③ 陈金龙.百年党史是中国共产党人最好的营养剂［EB/OL］.（2021-07-09）［2023-11-20］. http://www.qstheory.cn/dukan/hqwg/2021-07/09/c_1127638818.htm.

④ 中国军网.发掘传统教育功能"最大值"［EB/OL］.（2015-04-30）［2023-11-20］. http://military.people.com.cn/n/2015/0430/c172467-26928493.html.

厚氛围，为党的百年风华记载伟业、展示辉煌，教育引导广大中小学生传承红色基因、争做时代新人。《关于全面加强和改进新时代学校美育工作的意见》（2020年10月）强调，应建立常态化学生全员艺术展演机制，大力推广惠及全体学生的合唱、合奏、集体舞、课本剧等实践活动及展示交流。中共中央办公厅、国务院办公厅印发《关于进一步减轻义务教育阶段学生作业负担和校外培训负担的意见》（2021年7月）也明确规定，应科学利用课余时间，开展阅读和文艺活动。教育活动基于课题项目参与校开展的阅读和文艺活动，通过艺术实践活动、艺术展演的形式展示阅读、文艺活动的成果，得到新华网、未来网（共青团中央官网）、学习强国等官方主流媒体的报道。

活动以**"读好中国故事""讲好中国故事""演好中国故事"**为主线，有针对性地在中小学校组织开展**阅读"红色书籍"、观看"红色电影"、演绎"红色剧目"**系列活动。以入选教育部《2019年全国中小学图书馆（室）推荐书目》的"中华先烈人物故事汇""中华先锋人物故事汇""中共党史人物传"等红色主题系列丛书为基本素材，以相关红色主题电影和主旋律歌曲为配套活动资源。引导中小学生阅读教育部推荐图书资源中党的故事、革命的故事、英雄的故事、先锋的故事等，以相关红色主题电影和主旋律歌曲为配套活动资源，感悟和总结他们身上的优良品质和精神特质，结合自己的生活和学习，撰写读后感（包括读后感文字作品、绘画图文等多种形式）、讲述故事。教育活动特别加入了影视戏剧等形式，进一步落实《教育部 中共中央宣传部关于加强中小学影视教育的指导意见》（2018年）等政策要求。

紧扣"传承红色基因"的活动主题，根据文学作品、影视戏剧、经典红歌等素材中的历史事件、英烈模范、先锋人物、感人故事为线索，中小学师生共同编写剧本，以学校为单位创编原创微电影、原创短剧等向建党百年华诞献礼，使中小学生在潜移默化、合作参与、自创自演中传承红色基因，激发学生的主动学习能力和创造力。活动思路创新，既以丰富多样的活动为广大中小学生提供了学习、创作、表达、展示的机会，又契合了当前融媒体时代的传播背景和技术发展趋势，运用多种传播形式打造品牌效应、提高社会影响力。

表 15　活动推荐书目（均选自教育部《2019 年全国中小学
图书馆（室）推荐书目》）

推荐学段	丛书名称	丛书内容	作者	出版单位
小学低年级组（1—3 年级）	中华先锋人物故事汇（共30册）	王杰、王进喜、王选、孔繁森、邓稼先、华罗庚、许振超、孙家栋、谷文昌、杨善洲、张海迪、时传祥、沈浩、李四光、李保国、黄文秀、黄大年、陈景润、罗阳、钟南山、钱学森、袁隆平、常香玉、屠呦呦、龚全珍、焦裕禄、雷锋、廖俊波、中国航天员、中国女排	王巨成、王立春、王勇英、王丽丽、邓湘子、毛芦芦、汤素兰、吕丽娜、吴尔芬、张吉宙、肖显志、余雷、李岫青、李秋沅、徐鲁、葛竞、谢长江、翟英琴	党建读物出版社　接力出版社
小学高年级组（4—6 年级）	中华先烈人物故事汇（第一、二辑，共39册）	马本斋、王若飞、王尽美、邓世昌、邓中夏、邓萍、邓恩铭、方志敏、毛泽民、卢德铭、刘志丹、刘伯坚、刘胡兰、陈潭秋、李大钊、杨靖宇、杨根思、张思德、张太雷、何叔衡、邱少云、林觉民、赵一曼、赵世炎、秋瑾、恽代英、高君宇、钱壮飞、黄继光、黄公略、董存瑞、董振堂、彭雪枫、蔡和森、瞿秋白、陈觉和赵云霄、周文雍和陈铁军、八女投江、狼牙山五壮士	王相坤、徐玉凤、徐嘉、贾国静、黄萍、韩朝建、军事科学院解放军党史军史研究中心等	学习出版社

续表

推荐学段	丛书名称	丛书内容	作者	出版单位
初中组	红色长篇小说经典（共17册）	三家巷苦斗（全2册）、太阳照在桑干河上、古城春色（全2册）、平原枪声、红旗谱（全3册）、红日、吕梁英雄传、苦菜花、林海雪原、青春之歌、保卫延安、前驱（全2册）、敌后武工队、铁道游击队、野火春风斗古城、新儿女英雄传、暴风骤雨	丁玲、马烽、冯志、冯德英、曲波、杜鹏程、张东林、吴强、李晓明、李英儒、陈立德、杨沫、周立波、欧阳山、知侠、袁静、梁斌等	人民文学出版社
高中组	中共党史人物传（共89卷）	毛泽东、朱德、周恩来、李大钊、谢觉哉、习仲勋等近千名革命前辈人物传	中国中共党史人物研究会	中国人民大学出版社

表16　活动推荐电影

序号	红色电影（格式MP4）	序号	红色电影（格式MP4）	序号	红色电影（格式MP4）
1	一江春水向东流（下）	11	天罗地网	21	智取华山
2	上甘岭	12	奇袭	22	暴风骤雨
3	人民的战士	13	女篮5号	23	木兰从军
4	党的女儿	14	寂静的山林	24	林家铺子
5	刘三姐	15	山间铃响马帮来	25	林海雪原
6	南岛风云	16	康庄大道	26	柳堡的故事
7	卫国保家	17	怒潮	27	洪湖赤卫队
8	吕梁英雄	18	我们村里的年轻人	28	海鹰
9	和平保卫者	19	战火中的青春	29	特快列车
10	回民支队	20	早春二月	30	独立大队

续表

序号	红色电影 （格式 MP4）	序号	红色电影 （格式 MP4）	序号	红色电影 （格式 MP4）
31	甲午风云	51	飞越天险	71	山村姐妹
32	秘密图纸	52	黄沙绿浪	72	平原游击队
33	红孩子	53	一江春水向东流（上）	73	战上海
34	红旗谱	54	万家灯火	74	打击侵略者
35	红色背篓	55	三进山城	75	新女性
36	羊城暗哨	56	两个巡逻兵	76	景颇姑娘
37	老兵新传	57	以革命的名义	77	林则徐
38	聂耳	58	停战以后	78	槐树庄
39	英雄儿女	59	关不住的春光	79	沙漠追匪记
40	英雄坦克手	60	冰山上的来客	80	海上神鹰
41	英雄虎胆	61	冲破黎明前的黑暗	81	湖上的斗争
42	草原风暴	62	刘胡兰	82	烈火中永生
43	走向新中国	63	南征北战	83	烽火列车
44	边寨烽火	64	压岁钱	84	狼牙山五壮士
45	金铃传	65	古刹钟声	85	白毛女
46	铁道游击队	66	国庆十点钟	86	红色的种子
47	长虹号起义	67	地下尖兵	87	羌笛颂
48	陕北牧歌	68	地道战	88	英雄诗篇
49	风云儿女	69	地雷战	89	董存瑞
50	风雪大别山	70	小兵张嘎	90	赤峰号

序号	红色电影 （格式 MP4）	序号	红色电影 （格式 MP4）	序号	红色电影 （格式 MP4）
91	赵一曼	95	青年进行曲	99	鸡毛信
92	路考	96	青松岭	100	龙马精神
93	野火春风斗古城	97	革命家庭		
94	铁道卫士	98	鲁班的传说		

此次活动既是一次知史、广识、增慧的求索之旅，更是一次明报国志、养浩然气、培君子德的修身之旅。通过书籍、影视作品等多种形式引导中小学生进入历史的浩瀚海洋，让年轻一代了解根植于中国土壤的革命故事和革命精神，通过生动鲜活的故事切实感受中国共产党的初心和使命。以活泼生动、兼具教育性和趣味性的阅读活动，推进《中小学图书馆（室）规程》落地落实，充分发挥优秀读物的育人作用，激发中小学生主动阅读、积极学习的兴趣，提升中小学生阅读素养，引导中小学生通过学习和缅怀革命历史，激发爱国热情，加强中华革命文化和社会主义先进文化教育，坚定共产主义信仰，打好中国底色，认清自己的"根"和"魂"；在身临其境中、在实践体验中，在合作参与中、在潜移默化中厚植中小学生爱党爱国爱社会主义的情怀，培育永怀"中国心"、永葆"民族魂"的担当民族复兴大任的时代新人。

活动主要面向"中小学生阅读素养、人文素养及影视戏剧教育研究项目"入围的中小学校。项目联合中国关心下一代工作委员会事业发展中心、北京师范大学、中国新闻出版研究院、中国电影博物馆、新华网等专业合作支持单位，依托中国图书馆学会中小学图书馆分会组织协调机制，27位省级教育装备部门负责同志参与该机制，充分发挥战线工作优势。

2021年4月23日，世界读书日之际，教育活动正式启动，获新华网、学习强国、光明网、未来网（共青团中央官网）等官方主流媒体报道，阅读量达上百万，营造了良好的宣传教育效果和社会氛围。2021年4月—8月，课题项目组先后赴重庆、四川、山东、河南、河北、吉林、浙江等地走访调研，介绍"传承红色基因，讲好中国故事"阅读活动相关情况，指导活动开展。调研中，山东省青岛广水路小学、吉林省长春市朝阳实验小学校、重庆市永川区兴龙湖小学等已形成"传承红色基因，讲好中国故事"阶段性成果展示。

图12 课题项目组观看青岛广水路小学"传承红色基因，讲好中国故事"社团成果展示

图 13 课题项目组观看重庆市潼南区中小学生人文素养影视戏剧教育项目成果展演
（图为重庆市潼南区玉溪初级中学校舞台剧《觉醒》）

2021 年 2 月，活动组委会发布《关于组织开展"传承红色基因，讲好中国故事"教育活动的函》，发布了活动宗旨，总体思路，组织单位，活动范围，内容、形式及时间安排，知识产权等内容。2021 年 4 月，活动组委会发布《"传承红色基因，讲好中国故事"教育活动方案》，进一步细化了活动目的、活动对象、活动主办单位、活动推荐用书、活动组织办法、作品要求及上传方式、时间安排、展示办法等内容。

活动启动以来，省级教育装备部门积极响应、组织开展，全国共 27 个省份的中小学校踊跃参加活动，19 个省级教育装备部门转发活动文件，44 个地市级教育装备部门转发活动文件，部分省级教育装备部门将该活动与自身工作相结合，把活动列为 2021 年度开展的重要工作之一，如广东、四川、福建等省，除了项目试验入围校还积极组织其他学校参加。鉴于各地读后感系列活动报名十分踊跃，教育装备中心依情况两次延长作品上传时间至 2021 年 11 月 30 日。

截至上传作品结束日期，读后感系列活动共收到 27 省、1119 所学校、6 万余位学生的 4 万多份读后感作品和 2.4 万多份故事大会作品；原创影视戏剧系列活动共收到学校上传的 586 部作品，357 部通过初筛，从中选出 128 部作品参与投票，线上投票近 60 万人次参与，投票数量达 600 万。

图 14　社会各界广泛热烈参与相关活动

　　根据省级活动组织单位及专家推荐意见，结合网络投票结果，教育部资源中心正式发文公布了省级活动组织单位推荐的表现突出的 5099 份读后感系列作品（包括读后感、故事大会、编程作品等），福建省宁德市寿宁县鳌阳小学创作的《记住你》、四川省德阳市黄继光红军小学创作的《黄继光扑堡》等 30 部校园原创影视戏剧作品为首届"传承红色基因，讲好中国故事"阅读活动交流作品，并将分批次收录资源中心相关平台进行展示交流；

同时公布了内蒙古自治区教育装备技术中心（内蒙古自治区电化教育馆）、辽宁教育学院、吉林省教育技术装备中心、安徽省教育技术装备中心、福建省教育装备与基建中心、河南省教育技术装备管理中心、湖北省教育技术装备处、湖南省教育生产装备处、广东省教育装备中心、广西壮族自治区教育技术和信息化中心、四川省学校国有资产与教育装备中心、宁夏回族自治区教育装备和校园风险管理中心、新疆维吾尔自治区教育条件装备中心等13家单位为"传承红色基因，讲好中国故事"阅读活动组织突出贡献单位。

表 17　校园原创影视戏剧系列交流作品名单（按省份顺序排列）

序号	作品标题	学校名称
1	《我有一个愿望》	北京市西城区北京师范大学亚太实验学校
2	《两个小兵》	河北省秦皇岛市昌黎县昌黎镇第三完全小学
3	《狼牙山五壮士（课本剧）》	河北省张家口市桥西区逸夫回族小学
4	《加油吧！少年！》	江苏省南京市江宁区麒麟中心小学
5	《为中华之崛起》	江苏省淮安市天津路小学
6	《一封情报》	江苏省南京市金陵汇文学校
7	《足迹》	福建省福州市第八中学
8	《党史照童心》	福建省福州市高新区第三中心小学
9	《童心向党庆华诞，百年英雄铭记心》	福建省福州实验小学
10	《记住你》	福建省宁德市寿宁县鳌阳小学
11	《我心中的英雄》	福建省厦门市双十中学海沧附属学校
12	《永远跟党走》	福建省龙岩市师范附属第二小学
13	《航》	福建省厦门市双十中学

序号	作品标题	学校名称
14	《追寻·传承·筑梦》	福建省福州市群众路小学
15	《选择》	福建省福鼎市桐南小学
16	《南昌起义》	山东省潍坊第一中学
17	《工作细胞（音乐剧）》	湖北省武汉市江汉区红领巾学校
18	《归来》	湖北省宜昌市龙舟坪镇津洋口小学
19	《江姐绣红旗》	湖南省郴州市第三十二中学
20	《每个人都有秘密，而爷爷的秘密是……》	广东省深圳市福田区福民小学
21	《林则徐销烟》	广东省东莞市长安实验中学
22	《我爱，归来吧，我爱》	广东省东莞市南城阳光第四小学
23	《抗疫英雄（原创戏剧）》	广东省珠海市北师大（珠海）附中
24	《江口往事》	广东省珠海市高新区金凤小学
25	《黄继光扑堡》	四川省德阳市黄继光红军小学
26	《为中华之崛起而读书》	四川省广安市岳池县东街小学校
27	《觉醒的时代——水是故乡甜》	四川省成都市双眼井小学
28	《红日，从这里升起》	四川省成都市草堂小学
29	《大唐盛世——结缘》	宁夏回族自治区银川市北京师范大学银川学校
30	《闪闪红星》	新疆维吾尔自治区温宿县第二小学

2022年4月23日，在第27个世界读书日来临之际，教育部资源中心与中国关心下一代工作委员会事业发展中心联合在京召开首届阅读活动总结交流会，教育部资源中心、中国关心下一代工作委员会办公室领导致辞。地方负责同志分享了活动组织经验。来自福建省、四川省、新疆维吾尔自

治区、安徽省、广东省、湖北省等地学校代表分享交流活动参与心得。地方活动组织单位相关负责同志、参与活动学校师生及部分学生家长等二十余万人参加了线上会议。

图 15　阅读活动总结交流会顺利召开

为增强优质数字教育资源的示范引领共享，进一步加大"传承红色基因，讲好中国故事"优秀阅读成果的交流分享，按照教育部资源中心统筹部署和工作安排，课题项目组从首届省级活动组织单位推荐的表现突出的5099份读后感系列作品中，遴选约500份优秀作品，分为"光辉党史、革命故事、缅怀先烈、致敬先锋、歌颂祖国"等五个子栏目在中国语言文字数字博物馆语博书屋栏目（网址：https://szyb.smartedu.cn/library）进行线上展示。

图 16 优秀作品在中国语言文字数字博物馆平台展示

第二节　福建省宁德市寿宁县鳌阳小学歌曲《记住你》（MV）创作过程和创作心得

2022 年 4 月 23 日，教育部教育技术与资源发展中心（中央电化教育馆）公布"传承红色基因，讲好中国故事"校园原创影视戏剧交流作品名单，福建省宁德市寿宁县鳌阳小学作品《记住你》（MV）入选。

图 17　福建省宁德市寿宁县鳌阳小学歌曲《记住你》（MV）截取画面

寿宁县鳌阳小学是一所拥有光荣革命历史的百年老校，是无产阶级革命家范式人的母校，闽东革命先驱叶秀藩、范浚曾在此开展革命活动，点燃了寿宁革命、闽东革命的熊熊烈火。学校将红色传统、红色记忆、红色基因牢牢植入下一代的心里，对于培养教育他们爱党、爱国、爱社会主义的觉悟和思想情感，具有重要意义。

图18　福建省宁德市寿宁县鳌阳小学歌曲《记住你》（MV）截取画面

学校整合革命老区红色资源，把开展红色文化教育与学校养成教育、政治品德教育相融合，将红色文化教育细化到日常的青少年德育工作中，开展形式多样的活动，形成了特色鲜明、灵活创新的红色教育体系。

图19　学生进行红色教育学习

寿宁是一片红色土地,可以说红色基因已经融入每个人的血脉之中,代代相承。为庆祝中国共产党成立100周年,让"红色基因、革命薪火代代传承",学校积极响应上级文件及精神,领导高度重视,积极开展"童心向党·唱支红歌给党听"活动。成立创作团队,以"传承红色基因,讲好中国故事"为活动目的,以歌曲《记住你》为主旋律,师生们踊跃参加,排练的过程加班加点,力求做得更好。

图20 孩子们为雕塑戴上红领巾

为了让孩子们对革命前辈的精神有更好的理解和感受,学校带领学生采访一些老红军,带领合唱团的学生参观烈士陵园、革命纪念馆。

图21 孩子们向革命先烈行队礼

据带队老师回忆："去烈士陵园的路很长很陡，得背着很重的设备，我们没想到，学生们纷纷上前抢着帮我们背，一个人背不动，就两个人一起抬，满头大汗。烈士陵园蚊子很多，女生们都穿着裙子，大腿、手臂、脸上都是被蚊子咬的红包，我们为孩子们涂上驱蚊油、补妆等，没有一个孩子抱怨。"

在拍摄过程中，老师要求非常严格，有个别学生表情不到位，都要重拍，几遍、几十遍的录制孩子们都很配合，这就是寿宁县鳌阳小学长期坚持红色教育、品德教育的成果。

"有好几次的课后排练都很迟，虽然感觉很饿，但我想，这点苦跟革命先辈比起来算什么？"参加演出的学生回忆道，"我被革命先辈英勇无畏的精神所感动，我想对先辈们说：你们战斗过的地方，如今洒满阳光。我们会永远记住你们，记住你们走过的路，在民族复兴的大道上奋勇向前，做新时代的好少年。"

图22　福建省宁德市寿宁县鳌阳小学歌曲《记住你》（MV）截取画面

《记住你》这首歌曲对小学生而言是比较难的二部合唱曲，音准的教学是重难点。为此老师们花了大量时间，经过反复训练，终于取得了比较满意的效果。同学们的合作意识也提高了。

在平常的教学中，寿宁县鳌阳小学更加注重音乐教育和红色教育的整合，将地方红色资源与校史校情相结合，传承红色基因，将经典红歌精神与学生日常学习生活结合在一起，培养学生唱红歌的兴趣。通过这些活动陶冶学生的情操，让学生唱好红歌，培养学生的爱国情怀，感受今天的幸福生活来之不易，要好好珍惜、奋发向上。培养德、智、体、美、劳全面发展的社会主义建设者和接班人。

传承红色基因，讲好中国故事，任重而道远。福建省宁德市寿宁县鳌阳小学将继续挖掘红色资源，持续打造红色教育阵地，塑造红色德育品牌。

第三节　乘时代春风 创崭新未来

——四川省德阳市黄继光红军小学作品《黄继光扑堡》创作心得

教育的本质是一棵树摇动另一棵树，一朵云推动另一朵云，一个灵魂唤醒另一个灵魂。教育应该是潜移默化的，是对灵魂的唤醒，是对精神的塑造。2020年，该校被全国红军小学建设工程理事会正式命名为黄继光红军小学。那一年，正是志愿军抗美援朝出国作战70周年，迎接建党100周年的重要历史时刻。作为以英雄名字命名的一所学校，讲好英雄故事，传承英雄精神，将红色基因一代代传下去是学校的使命和责任。

四川省德阳市黄继光红军小学是"中小学生阅读素养、人文素养及影视戏剧教育研究项目"申报单位，积极参与"传承红色基因，讲好中国故事"教育活动。如何开展这次活动是学校的重要工作，学校校长黄明术提出：能不能用川剧艺术来讲英雄故事呢？在传承红色基因的同时，又能传承传统文化艺术，树牢立德树人根基。有了这样的思考，学校分管领导、德育干部、艺术骨干力量及课题组成员开始策划部署，初步构思了"拓展红色课程、观看红色影视、打造红色作品"三部曲。

图23 子课题项目组成员开展研讨活动

学校整合本土资源，挖掘地域特色，通过红色研学实践更好地了解革命英雄人物、先锋模范、时代精神等。学校开展"红色经典 悦读启迪"读书活动，指导学生完整阅读《黄继光》《红岩》《铁道游击队》等革命故事，红色绘本"红五星绘本"、"长征绘本丛书"、《鸡毛信》等。黄明术校长、李白杨副校长与师生一起分享阅读心得，探讨《黄继光扑堡》的创作背景，加深师生对党的认识，对英雄精神的理解。学校除了开展红色读物进课堂，还融入了红色影视教学。组织师生观看红色影片，如《上甘岭》《小兵张嘎》《长津湖》等。通过观看影片和开展观后感活动，孩子们懂得了今天的幸福生活来之不易，认识到是革命先烈付出了鲜血和生命，才换来了今天幸福的生活。我们应该用实际行动去倍加珍惜优美的学习环境，好好学习，发奋努力，立志为国争光，报效祖国。

图 24　四川省德阳市黄继光红军小学学生阅读红色书籍

图 25　学校师生在继光学堂阅读交流场景

　　针对此次活动，学校以川剧为突破口，将川剧文化与红色文化深度融合。学校还组建了川剧特色社团和影视教育社团，聘请中江县川剧老艺人赵义华老师和绵阳师范学院戏剧专业老师对学生进行艺术指导，取材现代川剧《黄继光》，指导学生排演了作品《黄继光扑堡》。老师们对川剧文化传承的意义进行了深入解读，让学生受到传统经典川剧的文化熏陶。

图 26　四川省德阳市黄继光红军小学学生排演《黄继光扑堡》

图 27　指导教师对学生进行艺术指导

2021 年 9 月，学校影视作品《黄继光扑堡》入围活动线上投票环节，学校师生积极参与，增强了学校师生的凝聚力。2022 年 4 月，《黄继光扑堡》被认定为活动交流作品，在全国总结交流会展示，获得良好反响。阅读与影视戏剧活动已成为学校一道最亮丽的风景线。通过红色经典阅读与影视戏剧表演，提高了师生素质，陶冶了师生情操，提升了学校的整体形象。学校在下一步的工作中，还将组建校园电视台，编制红色主题教育校本教材，使学生乘新时代东风，在实现中华民族伟大复兴的生动实践中，放飞青春梦想，一起向未来。

第四节　福建省福州实验小学微电影《童心向党庆华诞，百年英雄铭记心》创作过程交流

少年兴则国兴，少年强则国强。福建省福州实验小学号召全校师生回顾中国共产党的奋斗历程，弘扬时代主旋律，增强全校师生对中国共产党的强烈情感。延续中华民族血脉相连、薪火相传的时代精神，为中国共产党成立100周年献上最诚挚的赞礼！学校语文组教师积极行动起来，开展"童心向党庆华诞"校园讲故事、朗诵、征文、微拍视频等多种形式的主题教育活动。活动丰富多彩，师生积极参与、情绪高涨，一批特色鲜明、制作精良的作品脱颖而出，且师生在此次活动中受益良多。

五年级4班同学的微电影作品在前期准备过程中，经过同学们的多次讨论才确定主题。林则徐是我国近代史上第一位伟大的爱国者和杰出的民族英雄，是开眼看世界的第一人，是中国近代史启蒙思想的先驱者，是为国爱民、清廉自律、勤政务实的典范；他信守"苟利国家生死以，岂因祸福避趋之"的信念，坚决实行禁烟制度，抵抗外国武装侵略，捍卫了国家

主权和领土完整。他领导的虎门销烟运动，是人类历史上旷古未有的壮举，虎门销烟运动的胜利是中国人民反侵略斗争、反帝斗争史上第一个伟大胜利，维护了中华民族的尊严和利益，增长了中国人民的志气。继承和发扬林则徐坚贞不渝的爱国主义精神和气贯长虹的民族正气，学习他清廉刚正的高尚风范，学习他开眼看世界的开拓精神是对广大师生的良好教育，明确了林则徐对新时代的现实意义。五年级 4 班同学们在多次讨论后确定了剧本内容。虽然在微电影拍摄之初困难重重，但是经过团队的不懈努力并依靠团队强大的凝聚力，最终完成了微电影《童心向党庆华诞，百年英雄铭记心》的拍摄任务。

福州实验小学始终坚持"德育为首"，积极培育和践行社会主义核心价值观。长期以来，福州实验小学通过丰富多彩的教育实践活动对学生进行中华民族优秀文化传统教育，不仅激发了全校师生的爱国情怀还增强了师生们对党和国家的使命感，展现了学校"不忘初心，牢记使命"的精神风貌。通过此次教育活动，唤起了每位师生的爱国之心，激起了他们的爱国热情，让他们时刻铭记今天和平幸福生活的来之不易，是无数先烈用鲜血和生命换来的，是无数先辈用勤劳和智慧创造的。

今天，我国已步入新的历史时期，机遇和挑战并存，作为华夏子孙，更需要不断弘扬爱国主义优良传统，真正把爱国之志变成报国之行，自觉把个人命运与国家前途统一起来，将满腔爱国热情内化为不懈动力，培养热爱祖国，忠于人民的精神。团结一起，捍卫人类尊严和历史正义，维护国家主权和和平，增强历史使命感，为实现中华民族伟大复兴的中国梦贡献自己的一份力量。

第五节 追光百年向未来,薪火传承再出发

——福建省福州市群众路小学微电影《追寻·传承·筑梦》作品创作经验分享与交流

2021年,中国共产党迎来了建党100周年,全国上下掀起了"学党史、颂党恩、跟党走"的活动高潮。福州市群众路小学制作了《百年党史百家说》——献礼中国共产党建党100周年的百部短视频合集,从2021年3月21日起在"学习强国"福建平台上每天逐集推送。

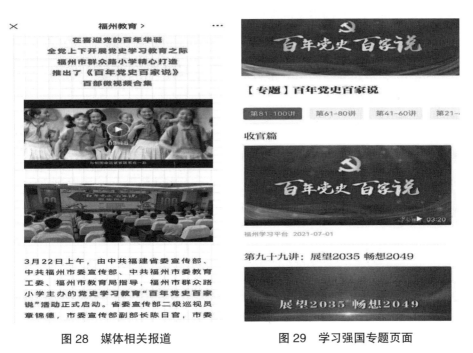

图28 媒体相关报道　　图29 学习强国专题页面

一百个党史故事由群众路小学一百个家庭讲述。既有建党百年来开天辟地的大事件,也有发生在你我身边、家族中的红色故事、红色先

锋、红色家风……讲述者中不乏共产党员，有的甚至是九十几岁高龄的老红军、老战士、老革命。百个讲述家庭共同收集资料、撰写讲稿、讲述故事，有些家庭还提供了珍贵的革命物件用于拍摄。他们用讲故事的方式、用一首歌的时间，重温和学习中国共产党艰苦卓绝、矢志初心的一百年，筚路蓝缕、奠基立业的一百年，创造辉煌、开辟未来的一百年，将党史教育延展到红领巾队伍，进而浸润千家万户，传承红色基因，赓续红色血脉。

原创影视作品《追寻·传承·筑梦》的创作灵感就缘起于《百年党史百家说》第二十三讲"闽侯厚屿革命交通站"。

这集党史故事以主讲学生陈泽锴同学老家的革命故事为蓝本进行拍摄。他的老家在福建省福州市闽侯县厚屿村，濒临闽江，曾经是中共福建省委地下重要交通站，其高祖父陈应东一家是该联络站的交通员。目前80高龄的太叔公、90岁高龄的祖母也都参与了联络站的革命工作。2019年7月，闽侯县委党史和地方志研究室为联络站正式挂牌"福建省委地下党厚屿小桥交通联络站革命遗址"，成为党史教育参观基地。

作品的构思和框架体现在微电影主题上："追寻"是第一篇章，孩子们在爷爷的带领下，去寻找曾经革命的踪迹；"传承"是第二篇章，通过爷爷的讲述，将这段尘封的历史在孩子们心灵中开封，让红色基因、革命薪火代代传承；"筑梦"是第三篇章，孩子们将追寻到的故事、传承到的精神内化成自己的梦想，并立志从小为自己和国家的梦想而努力奋斗！

福州市群众路小学是福建省示范小学，具有省实施素质教育先进单位、全国现代教育技术实验学校、全国德育实验学校、全国少先队红旗大队等荣誉称号。学校牢抓两项教育，践行立德树人，其中红色书籍、优秀影视作品等常作为德育活动载体，引导学生践行社会主义核心价值观，落实五育并举。

图 30　福州市群众路小学校园一览

（一）校园文化浸润，荡涤心灵

学校打造红色展厅、党史学习走廊、红色楼道等校园文化设施，并成立优秀影视作品库，通过校园 LED 定期播放红色影视宣传作品，营造良好的宣传氛围，让学生能时刻浸润红色文化，荡涤心灵。

图 31　福州市群众路小学校园红色展厅

图32　红色楼道文化

（二）丰富学习形式，提升素养

学校通过组建"影视作品赏析"社团及进行学科渗透，带孩子学会赏析影视作品的立意、拍摄手法等，提高孩子的艺术鉴赏能力；定期邀请戏剧戏曲专业演员进校园交流、展示，带孩子感受传统文化的魅力；带领学生参观红色教育基地，根据时政要点，积极组织师生及家长观看优秀影片，通过撰写读后感等交流分享，提高学生的阅读素养和人文素养。

图33　参观红色教育基地

图 34　戏曲进校园

（三）创新活动载体，对话经典

学校坚持每学年开展校园读书节、艺术节等活动，引导学生阅读经典书目、传唱红色歌曲，并通过经典诵读、课本剧表演、微拍大赛等形式，让孩子通过演绎经典剧目，与原著进行深层次对话，从而产生共鸣，激发爱国热情，坚定不移听党话、跟党走。

追光百年向未来，薪火传承再出发。"红领巾"学习红色历史、学习中国好故事，这门功课不仅必修，而且必须修好。学校会一如既往地将青少年的个人梦想与祖国命运紧紧联系在一起，与党和国家同向同行，让千千万万的"红领巾"们由倾听者、讲述者变为参与者、践行者，从小厚植真才实学，练就过硬本领，做社会主义的建设者和接班人。

第六节　戏剧流韵一生，艺术传承百年

——山东省潍坊第一中学戏剧作品《南昌起义》创作经验分享与交流

　　山东省潍坊第一中学（简称潍坊一中）始建于 1913 年，建校之初名为潍县县立中学，是潍县历史上第一所公立中学。1952 年更名为山东省潍坊第一中学。1995 年被评为山东省首批艺术教育示范校，2000 年，成为全省唯一一所通过省级验收的国家级示范性中学。2020 年，学校荣获第二届"全国文明校园"荣誉称号。

图 35　潍坊一中校园一览

　　在潍坊一中的百年教育历程中，美育始终是学校教育的重要组成部分。首任校长郭恩敷喜好音乐，建校之初就谱写了校歌并广为传唱，学校经常请老艺人到校教授学生学唱昆曲。此后，在民族危亡的历次重大事件中（五四运动、一二·九运动、七七事变、解放战争等）学生都走上街头义演，以歌唱、编演小话剧等形式向群众进行爱国宣传。中华人民共和国成立后，进入社会主义建设时期直至 20 世纪 90 年代，学校一直传承县立中学美育育人的传统，成立"学声剧团"、京剧小组等，编排小话剧，每周末会演。丰富的课外活动，使学生发展了兴趣与爱好，练就了健康的体魄和多种能力，受益终生。

图36　1957年《喝面叶》　　图37　1957年《春香闹学》

图38　高15级1班《复收地瓜》

图39　20世纪90年代艺术节老照片留存

2008年，学校按照国家艺术课程标准，开设了面向全体学生的艺术选修课程，开启了艺术课程的选课走班模式；2010年增开了音乐与戏剧表演模块；2017年，在新课标的指引下，为课堂学习之外学有余力的同学开设了拓展课程，成立了鹿鸣戏剧社，组织学生进行剧本编创，参与不同形式的戏剧表演和编创实践。学校给学生提供了各种形式的实践展示舞台，发展了学生的综合艺术表演和戏剧编创才能，达到以美育人、以文化人的教育目的。

图 40　2010 年戏剧课程初探作品《梦幻家园》

图 41　2016 年山东省戏剧展演作品《一粒高》

图 42　2019 年戏剧课程作品《商鞅》

图 43　2018 年校园艺术节学生原创作品《传承》

图 44　2019 年校园艺术节学生原创作品《祖国带你回家》

2017 年 12 月 28 日，学校在潍阳电视台（又名潍坊—中校园电视台）举办了"演绎青春、戏剧人生"戏剧课程汇报演出。话剧《雷雨》片段、小品《你好，李焕英》从 16 个剧组中选出 4 个剧组进行最后展演。

图 45 "演绎青春、戏剧人生"戏剧课程汇报演出

图 45 "演绎青春、戏剧人生"戏剧课程汇报演出（续）

时隔半年，2018 年 7 月 12 日，话剧表演《雷雨》专场又在潍阳电视台如约与大家见面。

图 46 《雷雨》剧照

图 46 《雷雨》剧照（续）

2021 年是中国共产党建党 100 周年。5 月，学校举办了"演绎青春 致敬百年"首届校园戏剧节。本次戏剧展演作品征集以"庆祝中国共产党成立 100 周年，向党的百年华诞献礼"为主题，共有 685 名同学参与剧本创作及剧目展演；剧本创作征集阶段，共征集学生原创作品 47 个；剧目展演评选阶段，共收到参展视频 43 个，真正做到了班班有戏剧。展演作品《南昌起义》正是首届校园戏剧节中的优秀剧目。

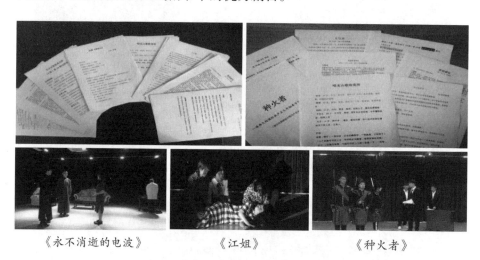

《永不消逝的电波》　　　　　《江姐》　　　　　《种火者》

图 47 "演绎青春 致敬百年"首届校园戏剧节剧本创作及剧目展演

《党的诞生》 《黄土谣》

图 47 "演绎青春 致敬百年"首届校园戏剧节剧本创作及剧目展演（续）

5 月 28 日晚，学校报告厅举办"演绎青春 致敬百年"首届校园戏剧节优秀剧目展演及颁奖晚会。

图 48 "演绎青春 致敬百年"首届校园戏剧节

图 48 "演绎青春 致敬百年"首届校园戏剧节（续）

2022 年 5 月，第二届校园戏剧节圆满落幕。本届戏剧节以"演绎青春 致敬经典"为主题，以戏剧形式致敬经典文学作品、经典人物、经典故事。通过网络投票、专家评审等环节在参选的 51 个班级戏剧视频中产生了6 个最具人气奖和一、二、三等奖。

图 49 "演绎青春 致敬经典"第二届校园戏剧节

图 49 "演绎青春 致敬经典"第二届校园戏剧节（续）

图 49 "演绎青春 致敬经典"第二届校园戏剧节（续）

图 49 "演绎青春 致敬经典"第二届校园戏剧节（续）

图 49 "演绎青春 致敬经典"第二届校园戏剧节（续）

一方舞台，承载青春梦想，剧舞飞扬；一纸台本，传承经典文化，积极向上。通过校园戏剧节展演活动，丰富了校园的文化生活，为学生搭建起施展表演才华的舞台，同学们通过参与戏剧节戏剧编创和排演活动，提升了在形体、语言上的表达能力，激发了同学们的想象力和创新能力，强化了共同参与的群体意识和相互尊重、合作的协作精神，促进了学生的全面发展，也展现了潍坊一中学子朝气蓬勃、奋发向上的良好精神面貌。

第七节 阅读红色经典，铭记红色历史
——广东省东莞市南城阳光第四小学戏剧作品《我爱，归来吧，我爱》创作经验分享

（一）铭记红色精神，赓续红色血脉

广东省东莞市南城阳光第四小学（简称阳光四小）是一所具有丰富底蕴的百年老校，从民国时期破旧的周家村学堂到今天崭新的现代化

校园，一路走来，学校的发展始终伴随着当地令人惊心动魄的红色革命潮流。

图 50 周家村学堂旧址

在抗战时期，学校所处的周家村的村民们义无反顾地投入"东莞保卫战"中，无数热血青年纷纷加入东江纵队，成为游击队员。学校的教师牢记使命、坚守岗位，始终把学生的安全放在第一位，学生们在老师的极力保护下坚持刻苦读书。于是，尽管围墙外已炮火纷飞，但校园中依然常常响起一阵阵琅琅的读书声。阳光四小的学子们，带着这样的红色记忆，从历史中缓缓走来……

图 51 广东省东莞市南城阳光第四小学校园一览

（二）阅读红色经典，铸就红色底色

走进阳光四小的校园，随处可见藏书丰富的班级图书角——这一方小小的天地，成为每一个学生的精神港湾。无论是早读、午读还是课间休息，学生们都能到图书角找到自己心爱的书籍。

2020 年，学校被评为"广东省书香校园"，在戏剧课题的引领下，学校为学生精心挑选了红色经典书籍——《小萝卜头》《长征的故事》《南粤红色故事》等，书中感人的情节，深深地触动了孩子幼小的心灵，他们把这份对历史人物的感动，化作一篇篇充满真情的读后感和一个个精彩的故事。在 2021 年"传承红色基因，讲好中国故事"阅读活动中，学校多位学生的红色故事和读后感入选交流名单。

（三）创编红色故事，传承红色基因

2021 年，恰逢建党百年华诞。学校积极开展红色主题班会、创编红色主题短剧，成功举办"阅读兴邦，童心向党"校园戏剧节。

图 52　原创剧目《我爱，归来吧，我爱》舞台场景

在原创剧目《我爱，归来吧，我爱》中，紧密围绕"戏剧＋阅读"的创作理念，以冰心的诗歌为主线，塑造了一位可亲可敬的老校长形象。此剧主要讲述了抗日战争时期，日寇大举侵华，无数难民无家可归。在炮

火的袭击下，老校长和江老师慌忙地带着几个学生逃向未知的远方。在逃亡路上，老校长不忘用诗歌激励着孩子们，永远不要失去希望。面临危急时刻，老校长毅然牺牲自己，让孩子们带着希望竖起革命的旗帜的故事。

第八节　深圳市福田区福民小学微电影《每个人都有秘密，而爷爷的秘密是……》创作经验分享

（一）创意起源

深圳市福田区福民小学聚焦"成长之门"的特色课程，以"融合＋体验"的课程实施理念，积极探索具有福民特色的艺术教育新路径，从而更有效地促进学生德育发展，微电影便是其中之一。

作为大湾区一所优质公办小学，这里的学生家长90%是双职工家庭，在教育教学中，学校面临的家庭教育中有70%是隔代教育。而隔代教育普遍存在一系列的问题，孩子的问题、老人的问题和父母的问题交织在一起，创作的初衷即希望通过一个普遍的、有代表性的爷爷与孙子之间矛盾的故事，展示隔代教育里的一些矛盾与冲突，并希望这样的冲突能引起学生父母的关注，老人、孩子的关注，一起正视隔代教育中的利与弊。

用微电影的形式进行一场多维度的对话，把学生内心的诉求、老人的诉求和父母的诉求通过微电影的台词淋漓尽致地表达出来，从而进行一次深度的沟通交流，达到家校合力、共创和谐友爱的大环境的初衷。

（二）剧本创作一波三折

在这样的初衷之下，剧本有了大概的框架与内容，结合建党百年的大背景，教学创作组的老师们进行了反复的头脑风暴。恰在此时，学校征集对口帮扶援疆教育志愿者中有一名党员教师，他的故事正好切合本次活动的主题，党员爸爸参与援疆工作，孩子的日常生活只能交给家里的老人来照料，耿直老人与调皮小孙子，这正好是学校需要的故事。因此故事的大纲就形成了，之后随着创作组老师们的进一步观察，初步形成了第一版微电影剧本《我的援疆爸爸》。

第一版故事为下一步创作提供了一个方向，创作组开始着手准备在戏剧社团、小主持表演社团以及全校社团进行一段时间的试戏，让同学们轮换进行角色扮演，模拟创设家庭作业环境，演爷爷、演小孙子、演爸爸妈妈、演同学朋友……在这个过程中，很多青年教师也参与进来搭戏客串，出演爸爸、老师的角色。创作组反复倾听演员们的台词，在身份角色转换之后，他们演绎台词时有了不同的情感表达。由于他们不善伪装，并且他们的模仿对象都是自己的家长，所以能直观暴露出每个家庭不同的相处模式，有的家长严厉，有的家长宠溺，有的家长冷漠、高要求；又因为孩子们具有鲜明的性格特点，有的孩子时间规划合理，有的孩子暴躁多动，在这个过程中孩子们非常投入，流露真情实感，参与的老师们也有不同角度的感受，因此创作组的老师更加坚定了凸显隔代教育矛盾这个方向，所以第二版的微电影剧本重新回到了爷爷与小孙子，微电影片名变成了《我的爷爷》。

在全校性试戏的过程中，孩子们都在无形中体会了一次"爱与被爱"。这次试戏活动把换位思考的机会给到孩子，让他们观看演绎，去形成对他们自身的冲击，从而引起改变，完成了一次独特的关于家庭、关于家庭成员如何相处的教育。

教育可以是平易的，但电影必须是波折的、有冲突的，所以把具有代表性的矛盾冲突故事拿出来分享，倾听小演员们的家庭故事，大家互相分享自己和爷爷的矛盾。通过各种头脑风暴，创作组注意到选出来的小主演，他的爷爷就是一名退伍老兵，参加过解放战争，也参加过抗美援朝战争，是一位名副其实的英雄爷爷。听完他的故事，创作组就觉得爷爷的形象就是这样的，非常符合剧本中爷爷耿直有原则、不宠溺孙子的特点，同时小主演与爷爷之间相处时的趣事也更加说明这个选择是对的，于是将剧本的最终版定为《每个人都有秘密，而爷爷的秘密是……》。

（三）关于摄制过程

《每个人都有秘密，而爷爷的秘密是……》整个微电影的拍摄时间是两天，不过由于前期花费了大量的时间进行排练和记忆台词，所以在全体小演员和戏剧表演老师们的努力下，终于在两天时间内完成了微电影的拍摄工作。小演员们一开始就在舞台上排练台词，在正式拍摄过程中，因为有了前期大量的排练，哪怕是加上灯光和道具，也能让拍摄工作顺利流畅地完成。有一条爷爷锻炼小孙子走正步的戏，创作团队去到公园里时，正值夏天，虽然天气很热，但是小演员和爷爷没有觉得辛苦，依旧顶着烈日连续在草坪上反复打磨这一场戏，拍了足足有20多条，拍摄结束后小演员整个背都湿透了，但是他未叫苦、未叫累，依然坚持完成。这个拍摄微电影的契机，也让老师们发现学生有着坚毅的品格。

在拍摄过程中，最让人惊喜的是学生表现出的共情能力，他能更加敏锐地感知到在剧本中面对不同情感时表演者所需要表现出的表情与神态。在以往的认知当中我们会产生这样的疑问：3年级的学生，他真的能体会爷爷的难过、爷爷失去战友的伤心吗？虽然这样的情绪事先由老师告诉他，他也会努力去代入，但拍摄过程中学生演员不由自主地对难过、忐忑等细微情绪的把握给了创作团队一个惊喜。

（四）说在最后

微电影影视教育的形式有很多种，学校通过发现问题、发掘故事、演绎故事这样独特的表现形式，能够真正把学生内心正在发生的、关注的、想说的问题，用一种学生乐于接受的形式呈现出来，这不仅是一次教育，更是一场对话。通过微电影的表现形式，把渴望关注、渴望理解的情绪融入其中，给老师看，给家长看，给社会各界看。能够让看到的人有一瞬间的思考，学生、家长、老师，共同在这样一部作品里看到彼此，看到彼此潜藏内心想说的话，这就是创作的意义。

第六章

中小学影视戏剧教育课程
实践案例

第一节　经典出新意，戏剧传书香

——经典文学在义务教育阶段的影视改编实践

表 18　经典文学在义务教育阶段的影视改编实践范例

姓名	年级	教材单元	学校	课型	课时	影视资源
安康、邵雪莹	七年级	七年级下必读名著《骆驼祥子》	杭州学军中学教育集团文渊实验学校	讲授＋实践	6课时	1.《骆驼祥子》话剧及相关影视剧。 2. 大型场景式读书节目《一本好书》。

作者信息：安康、邵雪莹
职称：中学二级、副高级
学校：杭州学军中学教育集团文渊实验学校

一、教学背景

（一）课程标准要求

因义务教育阶段并没有统一的影视课程标准，所以课题组参考了《义务教育语文课程标准（2022年版）》。根据这一版课程标准的指示，第四学段（7—9年级）的学生需要从文化自信、语言运用、思维能力及审美创造等四个方面提高核心素养，而实现核心素养提高的主要内容则以学习任务群的形式落实。学习任务群中的整本书阅读及跨学科学习是近两年讨论较为热烈的内容，强调了整本书阅读，尤其是阅读经典名著对提高学生核心素养的重要性，鼓励教师进行跨学科教学，丰富教学方式。同时，新版课程标准还对课程方案进行了优化，在七年级融入舞蹈、戏剧、影视等内容。

另外，课程标准仍强调教学评价的重要性。基于以上课程标准要求，课题组立足七年级必读名著《骆驼祥子》，以课本剧表演为载体，充分利用教学评价在学习中的指导作用，设计了"经典出新意，戏剧传书香——经典文学在义务教育阶段的影视改编实践"项目化活动。

（二）学习任务分析

本项目在七年级实施，用驱动性任务激发学生的学习兴趣，结合七年级必读名著《骆驼祥子》，充分利用学习评价的作用，设计了"文本研读，消除隔膜""旧本新编，以写促读""学习'导''演'，融学于践""经典展演，反思提升"等四个教学环节。项目历时两个月，共6个学时及一个多月的实践活动。其核心目标在于通过课本剧展演，提高学生的文本研读能力、剧本创作能力、表演能力及核心素养。

（三）具体学情分析

根据课程标准，戏剧影视等教学内容主要在七年级展开，因此此次活动的学习主体为七年级学生。这一学段的学生有较强的语言表达能力及表现欲望，但在文本深度的挖掘上还有待提高，所以在文本研读阶段，需将此作为教学重点。另外，大部分学生对戏剧表演有着浓厚的兴趣，也有一定表演经验，但是对相关理论知识的掌握略显不足，因此，在课本剧筹备的过程中，需要将表演知识和排练实践活动相结合，在学习及实践的过程中，不断增加表演知识、提高表演技巧。

二、教学目标

（一）教学目标

第一，阅读《骆驼祥子》，了解故事内容，把握人物形象及性格形成原因，更深刻地体会作者的写作目的，提高文本研读能力及文学鉴赏能力。

第二，学习剧本相关知识，初步学会写剧本，并在剧本的创作及改编过程中，不断提高写作能力。

第三，在课本剧的筹备与展演过程中，学会与他人相处，增强团队合作意识，从而提高核心素养。

（二）教学重难点及教学策略

1. 教学重点和难点

（1）教学重点。一是阅读《骆驼祥子》，了解故事内容，把握人物形象及性格形成原因，更深刻地体会作者的写作目的，提高文本研读能力及文学鉴赏能力。二是学习剧本相关知识，初步学会写剧本，并在剧本的创作及改编过程中，不断提高写作能力。

（2）教学难点。在课本剧的筹备与展演过程中，学会与他人相处，增强团队合作意识，从而提高核心素养。

2. 重难点突破策略

（1）在项目实施过程中，以文本为纲、学生为主体，设计名著导读课、剧本写作专题讲解课、剧本围炉会、表演课等讲授及实践课程，帮助学生深入理解文本及人物形象，提高剧本写作能力。

（2）与艺术学科老师展开跨学科学习，为学生开设表演课，帮助学生理解表演概念，提升表演能力。

（3）设计丰富的小组合作活动，同时以教学评价为导向设计教学支架，让学生在完成小组任务的过程中，加深对自我及他人的认知，改进自己的学习方式，学会与他人相处，提高核心素养。

三、教学评价

为了凸显学生的主体地位，促使学生的核心素养能在这次项目化活动中得到充分提高，同时保证他们能在活动不同阶段、多个层面得到及时的评价，以不断修正自己的学习方式，提高核心素养，此次项目化学习注重学习评价在这次项目化学习中的使用，以"评"促"教"。学习评价分为形成性评价和终结性评价两种。形成性评价以各式评价量表的形式贯穿学习活动始终，量表以自评、组评、师评等多种形式对学生的活动表现进行评价；终结性评价即课本剧展演及总结与反思。

四、教学过程

表 19　教学方案与过程

教学环节和框架			
经过多次研讨，项目组从学生的实际学情出发，制订了如下教学方案： 一、驱动性任务 将经典名著《骆驼祥子》改编为演出时间不超过 10 分钟的课本剧，各班推选剧本进行排练后参加七年级课本剧大赛。 二、教学环节 环节一：文本研读，消除隔膜 环节二：旧本新编，以写促读 环节三：学习"导""演"，融学于践 环节四：经典展演，反思提升 备注：具体流程可参考方案图			
主要教学过程			
教学环节	教师为主的活动	学生为主的活动	设计意图

续表

主要教学过程			
环节一： 文本研读，消除隔膜	1. 开设《骆驼祥子》导读课。 2. 针对人物形象、主题思想、社会背景等，开展各式读书活动。	1. 通过名著导读课及各式读书活动，掌握"整本书"阅读技巧及方法。 2. 利用寒假研读《骆驼祥子》，完成"名著任务书"。 3. 观看《一本好书》节目中有关《骆驼祥子》的部分及《骆驼祥子》相关影视剧。	1. 考虑到学生在校学习时间较短，无法保证足够阅读时间，因此将研读文本的时间定在了寒假。 2. 因为书的写作时代与学生生活的时代相差甚大，为了让学生更深入地理解文本，有技巧、有方法地展开阅读，在放假之前，课题组在每个班各开设了两个课时的名著导读课并举办相关读书活动，带领学生学习《骆驼祥子》相关知识，如作者及写作背景、主要情节及主题等，增加学生的理解，增强学生的阅读兴趣。另外，教师还针对性地介绍了几种阅读方法，如圈点批注法、精读与跳读相结合等阅读方法。 3. 项目组选择采用杭州市萧山区教学研究室下发的"名著任务书"，让学生能在假期中对自己的阅读成果进行检验，更深入地理解文本。 4. 作为一部经典文学，《骆驼祥子》已经在影视领域有了较多成功的尝试，为了让学生在剧本改编及表演前能对现有成果有一定的认知，并加以借鉴，项目组特为学生提供了一些影视剧目，以供学生参考。

主要教学过程			
环节二： 旧本新编，以写促读	1. 开设剧本专题课。 2. 在学生的剧本创写过程中及评价量表制作过程中提供必要的指导。	1. 学习剧本写作相关知识。 2. 完成《骆驼祥子》剧本改编。 3. 与小组讨论并制作《骆驼祥子》剧本改编评价量表。 4. 根据评价量表对自己及他人的剧本进行修改，而后在小组内展开自评及他评，并最终评选出小组最佳剧本。	1. 大部分学生在小学阶段有表演经验，但对剧本创写却比较陌生。因此，学生在文本研读后，项目组开设了剧本创写专题课程，帮助学生了解剧本创作的相关知识，对学生的写作提供及时的指导。 2. 为了凸显学生主体地位，帮助学生深入理解剧本创作的规范，为剧本改编提供写作抓手，创设小组合作机会，提高学生核心素养，项目组特将剧本改编评价量表的制定工作交予学生。 3. 学生根据自己讨论确定的评价量表评选出小组最佳剧本，这能让学生对自己及他人的学习表现有更深刻的认知，有利于学生确立学习主体地位。
环节三： 学习"导""演"，融学于践	1. 与艺术学科老师展开跨学科学习，开设表演专题课程。 2. 参与学生的剧本围炉会、课本剧等活动，并对其进行指导。	1. 筹备并参加剧本围炉会，根据剧本评价量表评选班级最佳剧本。 2. 成立剧组并进行人员分工。 3. 与小组成员讨论并确定排练计划。 4. 讨论并制订出课本剧表演评分标准及排练计划。	1. 部分学生虽然在小学阶段有过表演经验，但是对于戏剧表演的知识了解甚微，只是凭着"本能"在演戏。为了让学生能够更深刻地理解表演相关知识，课题组特与艺术学科老师开展了跨学科学习，请他们为学生开设了表演专题课程，并全程参与学生的排练过程，增加学生的表演知识，提高其表演能力。

续表

主要教学过程			
环节三： 学习"导""演"，融学于践		5. 组织并参加课本剧排练。 6. 绘制课本剧宣传海报。 7. 在每一项活动完成后，对自己及他人的表现进行评价。	2. 为了让学生更主动地参与到学习及实践中，也为了他们能更好地把握并及时调整自己的学习状态，创设真实的学习情境，课题组将实践活动的主动权交予学生，全程仅在必要时提供相应指导。
环节四： 经典展演，反思提升	1. 协助学生筹办课本剧大赛，在必要时对其给予适当指导。 2. 引导学生对自己的学习及实践进行反思和总结。	1. 筹办并参与课本剧大赛。 2. 以文字的形式对自己的项目化学习进行总结。 3. 开展座谈会，与他人一起总结此次活动的收获与不足之处，在反思中成长。	1. 为了保证公平性，也为了增加评价主体的多元性，评委由各学科对于话剧有一定了解的老师担任。除此以外，课本剧大赛的其他工作，如统分及主持等均由学生负责。 2. 为了让学生对自己在活动中的表现有更深刻的了解，赛后课题组还布置了写作任务，并开展了座谈会等活动，让学生对自己的表现进行反思和总结。通过阅读学生的反思、参与学生讨论，课题组也能更直观地看到学生在这项活动中是否得到提高，进而对项目化活动进行更全面的评估，为下一次活动做好准备。

五、教学反思

（一）优点

1. 提升文本阅读及写作能力，培养阅读兴趣

此次项目化活动将必读名著《骆驼祥子》和学生感兴趣的课本剧结合

起来，并以年级比赛的形式激发学生的学习热情，培养其阅读兴趣。同时，在文本研读、读书会、剧本改编、剧本围炉会、剧本讲演、剧本修改、课本剧表演等多个环节增加了学生对于小说人物形象、艺术手法、主体思想的理解，提高了学生的文本研读及写作能力。

2. 注重合作互助，提升核心素养

此次项目化活动以驱动型任务激发学生学习和探究的兴趣。学生通过自主改编剧本、自评剧本、小组互评、老师评价等形式，培养了自己自主学习的习惯，并在和小组的交流与合作中，培养了自己的人际交往能力，进而达到了提高学生核心素养的目标。

3. 理论与实践结合，切实提高表演能力

在此次项目化活动的实施过程中，项目组采取了"理论先行，实践护航"的教学设计，帮助学生增加了戏剧相关知识，同时与艺术学科老师展开跨学科合作，在实践过程中对学生提供必要的指导，帮助学生将学到的理论知识运用到实践中，切实增加了学生的表演知识，提高了学生的表演能力。

4. 创建书香校园，增强家校互动

课本剧大赛的圆满举办在全校范围内引起了不小的反响，掀起了学生经典名著阅读浪潮，为学校"书香校园"的持续建设贡献了力量。

课本剧展演当天，校宣传组全程记录，并及时将录像剪辑出来，在校视频号上进行刊发，同时也在校公众号上对这一活动进行了详细报道，让家长及时了解孩子在学校的学习，增强了家校互动。

5. 巧用学习评价，以"评"促"学"

此次项目化活动采用了学习评价驱动教学的模式，改变了教与学的性

质。学习评价先于教学活动设计，通过逆向设计让学生和老师明确学习和教学目标，并在学习过程中不断修正自己的学习方向和学习方式，达到最终的培养目标。比如，在活动一开始就公布了终结性评价形式，且剧本遴选、海报评选及课本剧展演前都提前公布了评价标准，给学生提供了学习方向，而学生在项目化学习中通过小组讨论等形式制定各类评价量表，也锻炼了他们的人际交往能力，凸显了学生主体地位，提高了其核心素养。

自评、他评及师评等多样的评价方式让学生得以从不同的角度对自己的学习情况进行评价，多维度评估自我学习方式及能力，从而在不断改进自己的学习方式的过程中得到真正的提高。

以学习评价驱动学习活动的教学模式也使得教师对学生的学习指导更有针对性，同时通过开展学生小组讨论、制定评价量表的活动，帮助教师更为全面地了解学生个体的学习情况，为后续的指导提供支架。

（二）问题

因此次项目化学习的终结性评价是课本剧的展演及总结与反思，所以全程参与的学生主要是各班的演职人员，而其他没有参加表演的学生仅在前期的课程学习、剧本改编及小组评选过程中得到了较为充分的锻炼。如何让所有学生都能够全程参与到活动中，使其核心素养得到全面提高，是项目组在以后的活动设计中需要重点考虑的问题。

大部分老师在文本研读及剧本改编阶段都能提供及时有效的指导，但是对于表演却缺少经验，而学校的戏剧老师有限，没办法同时满足 8 个剧组的排练需求，这使得部分学生理解了人物形象，却无法用合适的表演技巧将其表演出来，或是表演流于表面，最终影响了整台表演的水准。如何在各个环节都能提供比较好的建议或学习支架，同时储备更多戏剧课教师资源，比如利用此次培训机会，在组内培养更多的戏剧老师，进而辐射到更多学科，让更多老师了解并参与学校的戏剧教育建设，或是建议学校招

募更多专业的戏剧老师。以上问题都是课题组需要反思的，也将在下一次
活动中对这些问题进行改善。

图 53　活动现场实拍

图 53 活动现场实拍（续）

第二节 观悟结合育影心，悦情拓思增素养

——《宝葫芦的秘密》影视教育课堂实践探索

表 20 影视教育课堂实践探索实例《宝葫芦的秘密》

姓名	年级	教材单元	学校	课型	课时	影视资源
胡朝惠	四年级	第八单元	萧山区湘湖小学	讲授	1课时	《宝葫芦的秘密》是上海天马电影制片厂出品的儿童奇幻电影，由杨小仲执导，徐方、张宁、温和主演，于1963年在中国上映。该片根据张天翼的同名童话小说改编。

作者信息：胡朝惠
职称：二级教师
学校：萧山区湘湖小学

一、教学背景

（一）课程标准要求

《义务教育语文课程标准（2022 年版）》提到，要加强美育，聚焦学生发展核心素养。义务教育语文课程培养的核心素养，是文化自信和语言运用、思维能力、审美创造的综合体现。根据第二学段的具体要求，充分发挥现代信息技术的支持作用，促进学生学习方式的变革。结合《教育部 中共中央宣传部关于加强中小学影视教育的指导意见》中的重要观点，要求能够"利用优秀影片开展中小学生影视教育"，认为这是"加强中小学生社会主义核心价值观教育的时代需要"，是"落实立德树人根本任务的有效途径"，更是"丰富中小学育人手段的重要举措"。

（二）学习任务分析

《宝葫芦的秘密（节选）》是部编人教版语文四年级下册第八单元的第一篇课文。本单元的学习目标是引导学生感受童话故事的奇妙之处，体会故事中人物真善美的形象特点，再进一步学会照自己的想法来创编新故事。《宝葫芦的秘密》是我国著名儿童文学家张天翼创作的童话作品，影片《宝葫芦的秘密》正是根据此书内容改编而成。教师通过影视教育课堂，指导学生从浅层次的影片欣赏，走向对影片中人物形象、故事情节和情感主题的学习、感悟，可以帮助学生获得更好的审美体验，也为打开学生对全书阅读的兴趣之窗做准备，在书影同看中促进学生综合能力的提升。

（三）具体学情分析

四年级学生已经在三年级上册的语文课本学习中接触过童话单元，对童话故事并不陌生，这为学生学习课文《宝葫芦的秘密（节选）》提供了理解上的帮助。但由于学生受到年龄和阅历的限制，在影视教育课堂中，可能会对影片的认识偏于感性，教师需要关注学生具体的学习实际，善于在课堂各环节中适时引导学生多思考、多感悟，不断拓宽语文学习视野，在使学生养成良好的观影习惯的过程中，让学生感受到电影的魅力，使其成为学生成长的力量之源。

二、教学目标

（一）教学目标

第一，观看影片，了解并梳理影片故事情节。

第二，关注人物内心世界，初步感受王葆的性格特点。

第三，懂得"只想依靠宝葫芦不劳而获，内心不会充实快乐，也无法拥有真正的幸福"的人生道理。

（二）教学重难点及教学策略

1. 教学重点和难点

把握影片故事情节，感受王葆的性格特点，并能够结合自己的学习生活实际，明白"只想依靠宝葫芦不劳而获，无法拥有真正的幸福"的重要人生道理。

2. 重难点突破策略

在教学过程中合理使用提问策略，适当创设情境和设计问题，并且运用好启发式教学法。教师在学生观影前设置教学问题，引导学生带着思考有目的地进入影片欣赏环节。待学生观影结束，教师再通过由浅入深、环环相扣的问题启发学生思考。注重设计科学有效的教学活动（梳理影片情节——聆听人物心声——深入影片主题），鼓励学生积极通过自主探究、合作交流等方法，完成对主要人物形象、故事情节和电影主题的学习。

三、教学评价

本节课的教学内容较为合理，有思路清晰的教学设计和切实可行的教学措施，能够结合教材特点进行影视教育。整个课堂自由度很高，教师给予学生充分思考的机会和进行大胆创造的空间，注重在教学活动中考查学生个体的探究精神，关注每个学生在学习活动中的参与程度、合作态度、思维深度以及能力的发展情况。好的课堂要重视学生的表达、实践、思考、合作情况，通过过程性评价和终结性评价并行的方式，让教师能够及时帮助和引导学生。

四、教学过程

（一）激趣观影导入，初识"宝葫芦"

通过多媒体展示图片神笔马良的神笔、孙悟空的金箍棒、铁扇公主的芭蕉扇，教师自然引入话题"如果你可以拥有一件宝物，你希望拥有什么？"，根据学生交流内容，自然过渡到王葆对奶奶口中"宝葫芦"的向往上来。

在《宝葫芦的秘密》中，主人公王葆得偿所愿，拥有了一只宝葫芦。教师在为学生播放电影重要片段之前，提醒学生在观看过程中思考问题"宝葫芦有什么神奇之处？为什么说它称得上是一件宝物？"。

设计意图：从学生熟悉的知识内容导入课堂主题，尽可能消除学生对接下来课堂影片内容学习的畏难情绪和排斥心理，激发学生对电影《宝葫芦的秘密》的探究兴趣；检查学生课外知识积累情况，初步锻炼学生的总括能力。

（二）梳理影片情节，了解"宝葫芦"

首先，电影重要片段观看结束。教师出示演员表，简述对主要人物的印象。

其次，教师引导学生做一回"小小导演"，聚焦电影《宝葫芦的秘密》的故事情节，让学生以学习小组为单位进行探讨，思考这一问题：如果你们有机会成为导演，需要选取主人公王葆和宝葫芦之间发生的一个小故事，展开合理想象，拍成时长为3—5分钟的微电影，你会选取哪一个故事，为什么这样选？

（1）以影片中部分内容为例，教师按照规则进行详细示范，具体讲解"想要拍摄微电影，该如何选取内容"，引导学生了解需要进行合作交流的环节的内容，并积极参与到下一步的组内探讨环节中来，具体实践方式如下：

① 教师讲解。从影片的开头可以了解到，王葆从奶奶口中知晓了宝葫芦这样一个神奇的存在，王葆和小妹妹都被这件宝物深深吸引住了。可以明确，这算是王葆和宝葫芦之间发生的一个小故事，如果选择这一部分的内容拍成微电影，需要把宝葫芦的奇妙之处用夸张的想象画面呈现出来，我们可以起名为《王葆初识宝葫芦》。

② 教师引导。做一个善于捕捉电影细节的学生，就会发现像"王葆和宝葫芦之间发生的小故事"这样的内容是非常多的。

③ 学生需要先在学习小组内部，通过交流探讨，选定故事片段，每位组员再尝试用简要的语言，详尽叙述自己想要拍成微电影的具体故事情节。最后通过组内成员举手表决的方式，确定本组采用哪位组员选取的内容，

小组协力起好微电影名称，最后派代表在班级内汇报，其他组员可以适当补充细节。通过投票，最终选出两个通过全班"赞同拍摄"票的小组。

（2）课堂上，第四小组的成员选择了宝葫芦帮钓不上来鱼被小伙伴们嘲笑的王葆钓到一水桶各种各样鱼的故事片段，并将他们的微电影取名为《宝葫芦助王葆成为"钓鱼大王"》；第六小组的成员认为，宝葫芦不遵守图书室借书规则，直接把王葆想要借阅的《科学知识》变进书包里的故事让人看得提心吊胆，最刺激有趣，为自己小组的微电影取名为《宝葫芦的"插队"魔法》。

（3）小组代表展示组内成员交流结果，全班评出获得"最佳导演组"的小组。

最后，教师引导学生回忆小组内交流过程，启发思考：在交流过程中，你们小组遇到的最大困难是什么，又是如何解决的呢？

设计意图：通过鼓励学生小组争做"最佳导演组"，帮助学生回顾影片重要细节，感受影片情节的趣味性；聚焦教学重点，教师通过具体的示范和方法上的总结，帮助学生梳理感兴趣的故事情节；在学生分组探讨过程中，关注学生的个性化表达，鼓励学生勤于反思、乐于交流，有效提升学生的思维能力。

（三）聆听人物心声，感悟"宝葫芦"

首先，教师启发学生循序渐进思考以下问题：

（1）王葆是一个什么样的人？

（2）王葆究竟是一个好孩子，还是一个坏孩子？

（3）如果你认为他是一个好孩子，你依据的故事情节是什么？如果你认为他不是一个好孩子，你找到的相应的故事情节有哪些？

其次，教师在 PPT 上展示回答问题时的表述要求：

我们认为王葆是 / 不是一个好孩子，我们是从影片中 _____

（故事情节）看出来的。

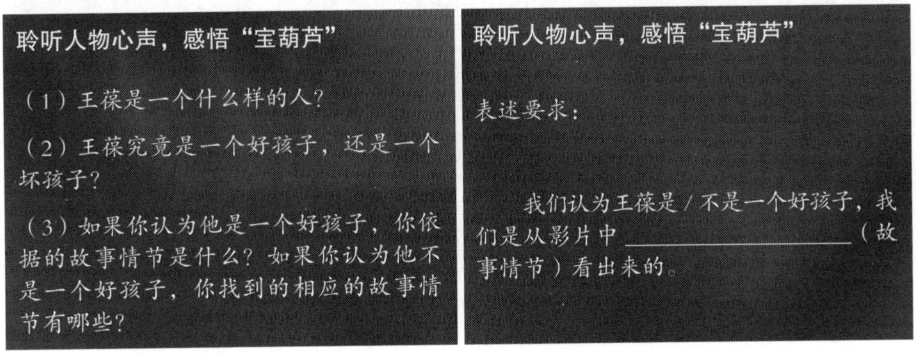

图 54　《宝葫芦的秘密》多媒体展示图片

再次，每位学生在学习小组内尝试独立思考这三个小问题的答案，从影片中找到情节依据，按照教师要求的表达格式，小组成员通过交流思考，帮助补充内容，选出代表做回答。

从次，随机邀请两名小组代表，在全班同学面前交流展示组内学习成果。

第一小组代表发言：我们认为王葆是一个好孩子，我们是从影片中宝葫芦施展魔法，帮王葆"插队"第一个借到自己捐赠的《科学知识》，但王葆意识到不按照预约顺序来借书是不对的，批评了宝葫芦这个情节看出来的。而且从电影中王葆早上上学戴好了红领巾，可以知道王葆是一名少先队员，所以说他是一个好孩子。

第三小组代表发言：我们认为王葆不是一个好孩子，我们是从影片中很多情节看出来的。第一，王葆做事情很马虎，丢三落四，需要奶奶不断为他操心。第二，王葆数学不好还特别懒，不愿意认真温习功课。第三，王葆还爱跟同学、朋友闹脾气，明明鱼不是自己钓的，吊车模型不是自己做出来的，为了能够向别人炫耀，撒了很多谎。他只想通过宝葫芦的力量走捷径躲懒，所以我们认为他不是一个好孩子。

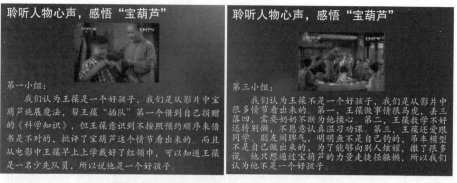

图55 《宝葫芦的秘密》多媒体展示图片

最后，教师做本环节小结。

设计意图：关注教学重难点，引导学生思考王葆的人物形象，为之后学生进行"主题探究"打好基础；让学生学会寻找影片情节作为人物性格特点的依据，进行大胆表达，鼓励学生之间互相补充，有序进行生生互动。

（四）深入影片主题，揭秘"宝葫芦"

首先，进行主题探究：为什么故事最后"王葆不再需要宝葫芦了"？

（1）教师启发学生思考：宝葫芦给王葆带来的究竟是快乐还是不快乐？

（2）教师进一步引导：如果是快乐，这种快乐是"能够使内心充实的、踏实的快乐"，还是"短暂的、只是满足自我虚荣心的快乐"？

（3）你认为如果王葆一遇到事情就想着依靠宝葫芦，能够成长为一个勇敢优秀的大孩子吗？能够获得真正的快乐吗？

其次，教师在学生交流感想后做总结。

设计意图：打开思路，启发学生深入思考；把握本课重难点，引导学生尝试结合自己的学习生活实际，懂得"只想依靠宝葫芦不劳而获，内心不会充实快乐，也无法拥有真正的幸福"的人生道理；尊重学生个性发展，培养学生的发散性思维、口语表达能力与书面表达能力。

（五）作业拓宽眼界，反思"宝葫芦"

课后作业：同学们，你想对不再需要宝葫芦的王葆说些什么呢？请以"我想对王葆说"为开头，把你想说的话写下来，不少于300字。

五、教学反思

电影具有较高的艺术感染力和美学冲击力，充分发挥影视的育人功能，可以促进学生在知识结构、人格修养和审美情趣等方面的提升。在《宝葫芦的秘密》影视教育课堂中，设计了一系列丰富有趣的教学活动，引导学生在争做"小小导演"、探讨微电影内容的过程中学习梳理影片情节；通过团队合作、思考，展示小组成员对影片中人物形象的理解情况；帮助学生深层次理解影片主题。通过设置教学问题，激发学生的求知欲与探索欲，将"观"层面的影视教育，向"思"的层面靠拢。

本次课堂作为一次影视教育实践探索，也有许多不足之处。比如，在学生展示学习成果时，可以采用更多样的形式，可以让学生绘制电影海报、撰写影评，甚至进行配乐制作或配音展示。还可以引导学生关注书籍和影片之间的异同，在对比、探寻中有所收获。

希望在今后的影视教育实践中，能够将理论与实践结合起来，设计出更加科学的教学内容和环节，让影视教育有益于拓展语文学科内容，不断帮助学生理解语文学科知识。

第三节 《走进北路戏》教学设计

作者信息：林碧香（音乐教师）

职称：小学高级

学校：寿宁县鳌阳中心小学

指导教师：缪步华（中学高级教师）、陈静（小学高级教师）

一、教学背景

（一）课程标准要求

感知、发现、体验和欣赏艺术美、自然美、生活美、社会美，提升审美感知能力。

丰富想象力，运用媒介、技术和独特的艺术语言进行表达与交流，运用形象思维创作情景生动、意蕴健康的艺术作品，提高艺术表现能力。

发展创新思维，积极参与创作、表演、展示等艺术实践活动，学会发现并解决问题，提升创意实践能力。

感受和理解我国深厚的文化底蕴和党的百年奋斗重大成就，传承和弘扬中华优秀传统文化、革命文化、社会主义先进文化，坚定文化自信，铸牢中华民族共同体意识。

了解不同地区、民族和国家的历史与文化传统，理解文化与构建人类命运共同体的关系，学会尊重、理解和包容。

（二）学习任务分析

北路戏唱腔以板腔体为主，以正宫平板、反宫平板为基本唱腔。《高山牧羊》是现代北路戏《张高谦》中的经典唱段，表现剧中人物张高谦天真的性格和神态。曲调清新明快，具有自然深厚的江南民歌小调韵味。本课以学生为本，针对学生的年龄特点、学习兴趣、实际接受力，以及所处地域特点，力求让学生感到亲切、真实。本课加入更多戏曲知识，如行当、服饰、伴奏乐器等。

（三）学情分析

五年级学生对音乐要素节拍、节奏、速度、情绪情感等具有初步辨别、感知能力，对戏曲基本知识有初步的认识。传统北路戏和学生实际生活有一定距离，学习中有一定困难，但是很多学生对未知的知识有探索的欲望。

二、教学目标

（一）教学目标

第一，初步了解北路戏艺术，对传统民间戏曲产生兴趣，并有进一步了解北路戏艺术的愿望。

第二，通过欣赏，初步了解北路戏的基础知识，如北路戏的起源、唱腔、伴奏乐器、行当等。

第三，感受、聆听《高山牧羊》主要唱段，通过互动体验、表演唱等多种音乐活动感受北路戏艺术独特的魅力和特征。

第四，通过欣赏使学生们领略我国民族文化艺术所具有的美感，同时学习张高谦自立自强、勤劳勇敢、奋发向上的精神。

（二）教学重难点及教学策略

1.教学重点和难点

（1）感受北路戏音乐曲调清新明快、委婉动人、自然深厚的江南民歌小调韵味。

（2）用明亮的声音演唱一两句乐段。

2. 重难点突破策略

（1）从聆听入手，在看、听、唱、演多种音乐活动中，由易到难，充分感受了解北路戏独特的魅力和艺术特征。

（2）鼓励学生通过自己的表情、身体、语言进行表演。

3. 教具准备

多媒体、羊鞭。

三、教学评价

在教学中注重运用发展性评价，让孩子们为自己的进步感到高兴。肯定孩子们的积极性，激发他们的创造性，关注每一个孩子的演唱欲望。表演唱中的自评与互评应注重对孩子们评价能力的培养和提高，让孩子们懂得如何进行评价，并在评价中成长。戏曲进校园是新拓展的教学领域，老师和孩子应共同探讨、摸索经验。在整个教学过程中，老师应认真地听取孩子们的质疑和建议，诚恳地对待孩子们作出的评价，鼓励孩子们勇敢地说出自己的想法，在教学中相互促进、共同提高。

四、教学过程

（一）营造氛围，了解京剧再引出北路戏

1. 动作体验

座位排成大圆形，老师带学生以圆场形式绕行就座。老师：同学们，刚才我们听音乐进教室，这首乐曲是属于我国哪种传统戏曲的风格？

设计意图：通过圆场形式绕行就座，让学生走进京剧，激发学生学习戏曲的兴趣。

2. 行当分辨

（1）生。

老师：生是京剧中的男性角色，他的扮相斯文、俊俏、举止文雅。刚才都有谁收到了生角色的礼物？举起来看看。

（2）净。

老师：净也是男性角色，他和生最大的区别就是他是大花脸，看起来不干净反而净。

（3）丑。

老师：还有一部分同学杯子上的角色特别诙谐、滑稽。都有谁？给我看看。

（4）旦。

老师：最后一部分同学拿到的就是女性角色，都在哪儿呢？

老师：老师考考大家，我这里有段京剧名段，请同学们听听，你们能分辨出是哪个行当演唱的吗？

3. 了解表现形式

老师：刚才我们了解了京剧的四大行当，京剧还有四大表现形式：唱、念、做、打。今天我们要来认识我们寿宁本地的一个剧种——北路戏（板书）。

老师：北路戏原称福建乱弹、横哨戏，是一种稀有、古老的传统戏曲剧种，仅存于福建省寿宁县。作为清代中叶传入福建的乱弹与当地民间戏曲融合形成的一种传统戏曲声腔剧种，曾流行于闽北、闽中及闽东等地，至今已有三百多年的历史，是代表清代乱弹声腔的珍稀剧种。乱弹进入福建后产生了上路班、下路班、北路班、南路班等戏班，其中以北路班最为强盛，其他各路戏班相继解散后，北路班仍活跃在闽东北一带，北路戏即由此而得名。2006 年 6 月，北路戏被列入国家非物质文化遗产名录。

设计意图：让学生对京剧基本知识有初步认识后再引出北路戏，使其对未知的知识有探索的愿望。

（二）新课教学

第一，学生汇报收集的张高谦的故事。

第二，老师简单介绍《张高谦》。

设计意图：树立人物英雄形象，让学生感悟人物的性格特征，并了解创作背景。

第三，出示张高谦剧照。

老师：请同学们想想，北路戏的演员们都穿这样的衣服吗？

学生：略

老师：我们把穿现代衣服的叫现代北路戏，穿古装衣服的叫传统北路戏。《张高谦》是什么剧？

学生：略

设计意图：通过观看、对比，发现现代北路戏和传统北路戏在服装上的区别。

第四，了解北路戏行当：生、旦、净、丑。

老师：什么行当穿什么衣服，行当就是把剧中人物按年龄、性别、身份、性格划分开来。北路戏行当有生、旦、净、丑等四大类。但在初期，北路戏的行当仍分为生、旦、净、末、丑等五大类，后来才把生行和末行合并，取消了末行。

（1）生行（播放幻灯片）。

生行是扮演男性角色的行当，在北路戏中的地位非常重要。生行包括老生、小生、武生、娃娃生等门类。

① 老生，又称"须生""胡子生"，一般都是富有正义感的中年或老年男性人物。

② 小生，主要扮演青少年男子，不戴胡须，扮相清秀、英俊。

③ 武生，扮演擅长武艺的青壮年男子。

④ 表演儿童的是娃娃生。

（2）旦行（播放幻灯片）。

北路戏旦行是扮演女性角色的行当。旦行又分为花旦、青衣（正旦）、武旦、老旦等。

① 花旦，大多扮演青年女性。人物性格大都活泼开朗，动作敏捷伶俐。

② 正旦，俗称"青衣"。主要扮演性格稳重的中年女性。

③ 武旦，扮演擅长武打且勇武的女性。

④ 老旦，扮演年龄大的女性。

（3）净行（播放幻灯片）。

净，又称"花脸"，扮演的是男性人物。不同的脸谱可以表现人物不同的心理特征和性格特征，红色代表赤胆忠心，如关羽；黑色代表忠耿正直，如包拯；白色代表阴险奸诈，如曹操。脸谱艺术也成为戏曲的代表。

（4）丑行（播放幻灯片）。

丑行，俗称"小花脸"，因化妆时在鼻梁上抹一小块白粉，故而以"丑"为名。丑行扮演的角色多为诙谐滑稽或小奸小恶的人物，但也有正直善良的形象。丑行分为文丑和武丑两种。

设问：张高谦是什么行当？

设计意图：通过观看幻灯片，让学生更直观地了解北路戏的四大行当。

第五，初听北路戏《张高谦》选段《高山牧羊》。

（1）观看教师表演唱，学生模仿演唱，体现师生互动。

设问：张高谦是一个天真、活泼，心中有集体、勤劳勇敢、勤奋好学的好孩子。你能根据老师表演的动作、表情看出张高谦的年龄和性格特点吗？

设计意图：在老师的表演唱过程中，让学生再一次体会人物的性格特征。

（2）北路戏的唱腔。

平板腔是北路戏的主要唱腔，按调门分为正、反二调。

北路戏道白唱词都用普通话。唱腔以西秦腔和吹腔为主，在长期流行中，又吸收乱弹、徽调、汉调音乐，综合形成一个腔的传统戏曲剧种，但其主要唱腔仍由西秦腔和吹腔发展出来的"平板"为基本调。

这里，老师向同学们介绍北路戏主要唱腔正宫平板和反宫平板。正宫平板的主要曲调为头万、二万、三万；反宫平板的主要曲调为反头万、反二万、反三万、老拨子、秦腔、梆子腔。北路戏的音乐曲调清新明快、委婉动人，具有自然浓厚的江南民歌小调韵味。

老师：《高山牧羊》曲子前半段二万（慢板），后半段头万（平板）。

第六，学唱"鞭儿一甩满山应""带羊上山慢慢行"。

（1）听录音范唱。

设问：情绪怎样？这两个乐句是什么曲调？

老师：谁来说说？（让学生自主发言，也可以讨论后再回答。）

设计意图：音乐是听觉艺术，在感知力度、速度、节奏、旋律等音乐表现要素的过程中，体验、了解其音乐表现作用。

（2）用动作感受乐曲的板式特点，体验北路戏唱腔的特点（一板一眼）。

老师范唱，学生模仿。

设计意图：感知北路戏唱腔韵味和板式特点。

（3）老师带上动作（甩羊鞭）有感情地朗读歌词，生动展现牧童放牧时欢乐的情景和劳动时的喜悦之情。

朗读歌词，学生互评。

设计意图：音乐教学与生活情境是紧密联系的。

（4）复听录音范唱。

设问：乐句里出现了几个休止符？为什么出现了这么多休止符？它的作用是什么？

设计意图：让学生每次都带着不同问题有意识地聆听，让学生"听"有所感、"听"有所悟、"听"有所得。

（5）表演唱。

请学生拿着羊鞭上台表演，其他同学演唱歌词。

①集体合作演唱（齐唱）。

②师生合作演唱（对唱）。

③生生合作演唱（领唱、齐唱）。

④先讨论再表演（自由组合，小组讨论）。

老师：歌唱时，吐字咬字清晰、口型自然、声音明亮，要体现北路戏唱腔的特点；要唱出人物内在的思想感情。

设计意图：引导学生主动参与音乐活动，只有学生亲身参与体验音乐，才能真正走进音乐，感受音乐之美；丰富歌曲演唱形式，引导学生配合，培养协作精神。

第七，了解北路戏伴奏乐器。

（1）了解北路戏伴奏乐器。

老师：北路戏乐队，俗称"后台"。主奏乐器有横哨、麻胡（大京胡）、月琴、鼓板、唢呐。北路戏特色乐器有横哨、麻胡。

（2）通过欣赏初步了解各乐器音色。

（3）"司鼓"是乐队的总指挥，鼓板是司鼓用来指挥乐队的主要乐器。

设计意图：让学生对北路戏伴奏乐器有所了解。

五、课堂延伸

听赏不同的戏曲：豫剧《谁说女子不如男》、越剧《天上掉下个林妹妹》。

设计意图：拓展学生听赏范围，听赏不同戏剧，感受不同风格音乐的旋律特点。

六、课堂小结

北路戏是综合性表演艺术。集唱（歌唱）、念（念白）、做（表演）、打（武打）为一体，刻画人物，表达"喜、怒、哀、乐、惊、恐、悲"的思想感情。今天通过学习北路戏现代剧《张高谦》选段《高山牧羊》，同学们初步了解了北路戏的行当、伴奏乐器、唱腔，其实北路戏还有很多优秀剧目，如北路戏现代剧《网瘾少年》，还有一百多部传统剧，如《仙女下凡》《秦王哭将》等。希望同学们今后都来学习北路戏，让我们的民族文化发扬光大。

七、教学反思

中国戏曲文化博大精深，在这短短的一节课中，我们无法诠释所有的音乐特点，只能选出一部分进行教学实践，因此，在本节课中，选择让学生认识北路戏的起源、唱腔、伴奏乐器、行当以及学唱《高山牧羊》片段。

老师需要提炼多方面的内容并具有扎实的教师基本功，才能完成北路戏的教学，让学生学会北路戏唱腔的特点。教师应遵循"学生为本，教师辅助"的思路，一步一步引领学生感受北路戏的艺术魅力，并在实践过程中培养其合作意识，增进学生对北路戏及其他戏曲的探究热情。

第四节　《话剧初体验》课堂实践探索

表 21　《话剧初体验》课堂实践探索

姓名	年级	教材单元	学校	课型	课时
徐静	高一	《话剧初体验》	山东省潍坊第一中学	表演	2 课时连堂

作者信息：徐静（音乐教师）

职称：中学一级教师

学校：山东省潍坊第一中学

一、教学背景

（一）课程标准要求

《普通高中音乐课程标准》（2017 年版 2020 年修订）必修课程"音乐与戏剧"和选择性必修课程"戏剧表演"课标要求如下：

第一，在对中外优秀戏剧作品或片段的示范性观赏借鉴中，体验戏剧艺术的魅力和丰富的表现力。

第二，乐于参与优秀戏剧作品的学习和表演实践，在享受戏剧表演乐趣的同时，提高集体艺术表现中的合作协调能力。

第三，增强戏剧表演活动中与他人沟通交流、合作协调的团队意识。

（二）学习任务分析

校园戏剧教育区别于专业性、职业化的表演教学训练。从校园戏剧课堂教学实际出发，目的是让学生快乐参与，陶冶性情，发挥潜能，强化艺术理解和技能掌握。课程的基础核心，是通过戏剧活动来建立学生表现的基本能力，经过个体与集体、肢体与声音表达的基础学习和训练，形成良好的共同合作意识，引导学生自发性学习，从而建立高中阶段学生应有的世界观、人生观和价值观。

（三）具体学情分析

第一，高中一年级学生经过小学初中的艺术课程学习及知识积累，已经具备一定的艺术素养。

第二，同学们对于戏剧这门艺术形式的分类及艺术特征不是很了解，需要引导学习。

第三，学生自我表现意识、表演创造能力暂时较弱。通过戏剧排练释放学生的表演天性，激发想象力，提高实践能力，培养合作能力。

二、教学目标

（一）教学目标

第一，了解戏剧的主要类别及话剧的艺术特征。

第二，能够轻松自如地体验表演活动，释放表演天性。

第三，能够积极参与小组活动，根据分工协作完成话剧作品的排练。

（二）教学重难点及教学策略

1. 教学重点和难点

（1）能够全身心投入表演活动并体验话剧作品片段排练。

（2）在表演活动中能够抓住人物形象，将语言、动作和情感融为一体，自信、真实地演绎。

2. 重难点突破策略

（1）通过身体放松练习、猜领袖游戏环节让同学在放松的状态下全身心投入表演。

（2）通过无实物练习感受表演中的真听、真看、真感受。

（3）通过熟练的肢体语言配合台词准确地塑造角色形象，表达角色思想感情。

三、教学评价

第一，学生进行表演练习时，建议教师多给予鼓励性评价，消除学生表演时的紧张感，让学生能轻松地投入表演练习，并对学生在练习中表现出的优点进行专业的点评，提高学生的表演水平。

第二，小组进行无实物练习和话剧片段展示时，建议采取学生互评和老师点评相结合的方式，可以锻炼同学们的观察能力。

四、教学过程

表 22　《话剧初体验》教学环节与过程

教学环节和框架
一、课时安排 本课题建议安排两个课时连堂完成。 二、教学环节设计 1. 导入：由"抓马"联想到英文单词 Drama 引出戏剧，了解戏剧的主要类别及话剧的艺术特征。

续表

教学环节和框架			

2.表演初体验：通过放松游戏、无实物练习，建立同学们表演的信念感，培养其想象力和表现力。
3.剧本片段分角色对台词：通过台词表达人物性格，感受话剧的台词魅力。
4.话剧片段分组排练：通过台词、动作塑造人物形象，表达情感，培养学生合作能力。
5.展示、总结。

主要教学过程			
教学环节	教师为主的活动	学生为主的活动	设计意图
课堂导入	1.设问：戏剧从表现形式上主要有哪些类别？ 2.欣赏话剧片段，设问：话剧主要由哪些要素组成？ 3.总结话剧艺术特征。	小组探讨，回答问题。	通过设问、欣赏话剧片段，引导学生自主探究话剧艺术特征。
表演初体验	1.猜领袖游戏：讲解游戏规则，通过游戏，同学们在放松的状态下进行表演练习。 2.无实物练习：讲解无实物表演练习要求，给出指定题目，并对学生的表演练习进行评价指导。	1.通过游戏放松身体。 2.了解做动作的三要素，在无实物练习中体验表演中的真听、真看、真感受，从而再现现实生活动作。	1.通过游戏放松身体。 2.通过无实物练习训练学生的想象力、注意力、信念感以及表演动作的逻辑组织能力。体会表演中的真听、真看、真感受。
片段对白练习	1.台词发音练习。 2.分析《雷雨》剧本人物特征，寻找人物语言定位，充分感受人物内心状态。 3.学生分组定角色对台词练习。	探讨剧本人物性格，了解人物之间关系，注意言语中潜台词的传递与表达。	1.感受台词发音的气息、腔体及共鸣。 2.通过台词练习，抓住不同角色的特征，为准确、形象的表演打好基础。
话剧片段排练	1.话剧片段舞台走位练习及肢体动作表达。排练中将"行动"落实在台词、表情和形体的外部动作上。 2.根据剧情、情节需要加入配乐烘托情感。	1.戏剧片段舞台方位、走位练习。 2.根据剧情需要选择适当的背景音乐烘托剧情。	强调每个同学积极参与排练，感受合作的乐趣，能在表演中准确、充分地表达剧情和人物感情。

续表

主要教学过程			
展示总结	1.组织各组同学进行排练后戏剧片段的展示。 2.组与组之间进行互相点评，教师对每组展示情况进行点评、总结。	1.每组进行话剧片段展示。 2.学生互评。	1.为学生搭建展示的舞台，提高学生舞台表现力，增强学生排演成就感。 2.在评价中学习他人优点、听取好的意见，提升自身表现力。
作业布置 （参考）	观看话剧《雷雨》（明星版）全剧。		通过观看整部话剧，对全剧的故事情节及人物关系有更全面的了解，全面了解话剧舞台艺术的艺术特征，理解戏剧作品的文化内涵，形成文化理解。
板书设计 （参考）	话剧艺术特征： 表演初体验 话剧《雷雨》主要人物关系：（以图片形式展示）		

五、教学反思

本节课是高中戏剧课程的话剧体验课，高中生虽然对戏剧的理论知识有了一定的积累，但学生自我表现意识、表演创造能力暂时较弱。本节课主要通过戏剧排练释放学生的表演天性，激发想象力，提高实践能力，培养合作能力。教学反思如下：

（一）课堂教学思路清晰

从课堂导入——表演初体验——片段对白练习——话剧片段排练——展示总结。整节课让同学们从放松的游戏活动中进入表演体验，从台词练习到戏剧片段排练展示，内容一步步深入，最终同学们在展示中提高了舞台表现力，获得了排演成就感。

（二）导入切合情景

本节课从设问戏剧表现形式上的主要类别和欣赏话剧片段入手，分析构成话剧的艺术要素，激发了同学们的学习兴趣。

（三）课堂气氛活跃、学生参与度高

在游戏环节、无实物表演练习中，同学们在放松的状态下积极参与活动练习；在台词对白环节中同学们分角色对台词，体会剧中人物内心状态，通过台词表现人物特征；在剧本片段排练和展示环节中同学们获得了极大的排演成就感。

（四）对学生的点评及评价

教师能及时准确地对学生在表演中出现的情况作出点评，帮助同学们提升话剧表演能力。

第五节　《冀中的地道战》影视教育课堂实践探索

表 23 《冀中的地道战》影视教育课堂实践探索

姓名	年级	教材单元	学校	课型	课时	影视资源
苏红毅、宋玥、陈俊	五年级	第二单元	枣阳市第四实验小学	讲授	2课时	抗日战争纪录片、电影《地道战》

作者信息：苏红毅（语文教师）、宋玥（语文教师）、陈俊（语文教师）

职称：一级教师、二级教师、一级教师

学校：枣阳市第四实验小学

一、教学背景

（一）课程标准要求

第一，在语文学习过程中，培养爱国主义、集体主义、社会主义思想道德，逐步形成正确的世界观、人生观、价值观。

第二，热爱国家通用语言文字，感受语言文字及作品的独特价值，认识中华文化的丰厚博大，汲取智慧，弘扬社会主义先进文化、革命文化、中华优秀传统文化，增强文化自信。

第三，学会运用多种媒介学习语文，初步掌握基本的语文学习方法，养成良好的学习习惯。

第四，学会运用多种阅读方法，具有独立阅读能力。

第五，初步了解查找资料、运用资料的基本方法。

第六，阅读课文，了解事件梗概，能简单描述印象最深的场景、人物、细节，说出自己的喜爱、憎恶、崇敬、向往、同情等感受。

（二）学习任务分析

第一，本单元的语文要素是学习提高阅读速度的方法。本课重点学习带着问题阅读的方法，并综合运用前面学习的集中注意力阅读、不回读、尽可能连词成句地读、抓住关键语句迅速把握课文内容等阅读方法，提高阅读速度。

第二，本课的人文主题是通过地道战感受中国人民的智慧和保家卫国的顽强斗志。通过影视等媒介形象感知，心里油然升起民族自豪感，树立民族意识，培养深厚的爱国主义情感。

（三）具体学情分析

日本侵华的历史，在中国妇孺皆知，孩子们通过影视剧、书籍和长辈的讲述，或多或少地了解一些。他们对其间发生的抗日故事有浓厚的兴趣，而本课中的地道战又更为新奇有趣，光是题目，就强烈吸引了孩子们的注意力，激发了他们阅读和探究的欲望。部分学生对冀中平原的地形和环境比较陌生，对抗日战争只有零碎的印象，对于1942—1944年的抗战形势不太了解。这些给学生理解课文内容带来了困难，需要老师和同学们从课外进行补充。

二、教学目标

（一）教学目标

第一，学习"带着问题，用较快的速度默读课文"的阅读方法，分享阅读体验。

第二，综合运用前面学过的阅读方法，尤其是抓住关键词，结合简图，理解课文内容，提高阅读速度。

第三，通过介绍时代背景的纪录片和电影《地道战》，感受中国人民在抗日战争中表现出的无穷智慧。学习先辈的乐观主义精神、不屈的斗争精神和在逆境中表现出来的勇气和力量。

（二）教学重难点及教学策略

1.教学重点和难点

（1）能带着问题，用较快的速度默读课文，了解课文主要内容。

（2）理解地道战取得成功的关键在于中国人民的智慧和保家卫国的顽强斗志。

2. 重难点突破策略

（1）读课题质疑，带着问题默读课文。

（2）在阅读过程中提出新的疑问，小组内归类梳理问题，交流阅读体会。

（3）综合运用抓住关键词等多种阅读方法，提高阅读速度。

（4）运用思维导图和地道简图，理解地道复杂的结构和神奇作用。

（5）结合影视作品，直观感受侵华日军的凶残，感受中国人民的智慧和力量。

三、教学评价

第一，该教学设计充分尊重教材的编排意图，尊重学生的认知感受，制定了科学合理的教学目标，重难点突出。

第二，该教学设计充分尊重课程标准对本学段的要求，重视对本单元"语文要素"提出的"带着问题读"的阅读方法的掌握，切实提高了学生的语文素养。同时根据课文内容的特点，实现了语文立德树人的要求。

第三，该教学设计思路清晰流畅，有些环节的设计很有创意，教学思维新颖灵动，设置多种多样的情境，让学生在合作参与中进行探究。尊重学生，鼓励其自由表达、有个性地表达。重视语文的交际功能。

第四，恰如其分地引用相关影片，生动形象的屏幕形象强烈地感染着孩子们，让孩子们由衷地敬佩英雄，学习英雄，久而久之，形成健康、高尚的人格。

第五，该教学设计注重教与学的结合，注重课内与课外的结合，注重知识与活动的结合，注重知识的严谨性和活动的趣味性的结合，注重阅读方法的指导和交流，注重课程的整合，注重语文和学生生活之间的联系，构建了一个开放而有活力的课堂。

四、教学过程

表 24 《冀中的地道战》教学环节与过程

教学环节和框架
1. 走迷宫导入，引入抗日战争时期的实战迷宫——地道战。 　2. 观看抗日战争纪录片，大体了解抗日战争和地道战发生的时代背景，做好阅读铺垫和情感铺垫。 　3. 读课题质疑，罗列问题，指导学生带着问题默读课文，在阅读过程中产生的新问题随时批注在段落旁，并记下阅读时间。 　4. 引导学生交流阅读体验：你用了多长时间读完全文？解决了哪些问题？带着问题阅读有没有提高你的阅读速度？还有哪些问题没有解决，你打算怎么解决？你还综合运用了其他的阅读方法吗？混搭使用的效果怎么样？ 　5. 引导学生画出地道的简图，把抽象的文字变成形象的图画，并试着作出解说，进一步深入理解地道精妙的构造，体会劳动人民的智慧。 　6. 冀中平原的人们是如何利用这精巧的地道进行战斗的呢？播放电影《地道战》的精彩片段，形象感知敌人的狡诈凶残和中国人民的智高一筹，并试着说出自己观影后的感受。 　7. 实战演习，让孩子们根据课文中的描述，把桌椅摆成地道，试着演出其中的情节，切身感受地道的神奇和劳动人民的智慧。

主要教学过程			
教学环节	教师为主的活动	学生为主的活动	设计意图
环节一	迷宫导入	孩子们通过玩走迷宫，感受迷宫的烧脑有趣，探究现实版迷宫——地道战。	用走迷宫导入新课，激发学生探究地道战的欲望。

主要教学过程			
环节二	播放纪录片	孩子们观看抗日战争纪录片，大体了解抗日战争和地道战发生的时代背景，了解日军的凶残，积蓄情感。 	了解地道战发生的时代背景，为后面的阅读做知识和情感铺垫。
环节三	引导质疑	读课题质疑，带着问题默读课文；在读的过程中写下新的问题，带着新问题阅读课文；记下阅读时长。	同学们体验带着问题阅读，掌握本单元的语文要素要求的阅读能力。
环节四	引导交流	学生采用小组合作的方式，交流阅读体验：你用了多长时间读完全文？解决了哪些问题？带着问题阅读有没有提高你的阅读速度？还有哪些问题没有解决，你打算怎么解决？你还综合运用了其他的阅读方法吗？混搭使用的效果怎么样？	交流经验，互相学习。

主要教学过程			
环节五	引导画图	学生分小组画出地道的简图，并试着分别讲解地道的构造、作用以及怎样与敌人斗争。	深入理解课文内容，激发学生创作欲望，实现课程整合。
环节六	播放电影	观看电影《地道战》的高潮部分，即运用地道和敌人斗争，最终取得胜利的部分，并谈谈观后感。理解"冀中平原的地道战，在我国的抗日战争史上留下了惊人的奇迹"。	《地道战》这部影片生动、形象、感染力强，蕴含着丰富的思想、艺术和文化价值。可以激励青少年向英雄人物学习，在学习生活中养成好的思想品德，提升人文素养。
环节七	指导演示	孩子们把课桌摆成地道的样子，分小组演示"子口的一夫当关，万夫莫开"；演示地下转移；演示敌人误入"迷惑洞"；演示在地道内怎样传递信息等。各小组可以选择自己感兴趣的内容进行演示，边演示边讲解。	创设丰富多样的学习情境，激发学生的好奇心、想象力，促进学生自主、合作、探究学习，真切体会劳动人民的智慧和勇气。

	主要教学过程	
作业布置（参考）	1. 运用带着问题读的方法，并综合运用前面学过的阅读方法，阅读你喜欢的文章或课外书籍，并和同学们交流阅读感受。 2. 建议观看电影《地道战》完整版或者另一部抗日电影。	课内学习阅读方法，课外进行阅读实践；同伴交流，互相启发，不断丰富阅读经验；观看电影，用学生喜欢的方式，了解历史，树立家国情怀。
板书设计（参考）	冀中的地道战简直是个奇迹 ｛原因　构造　作用｝ ｛生产　防御　攻击｝　带着问题读　惊人的奇迹　提高阅读速度	这个板书体现了课文在结构上首尾呼应；抓住课文主要内容，凸显本单元的语文要素。

五、教学反思

　　本课虽然是抗日体裁的课文，但是笔调活泼乐观，毫无惨淡之气，把冀中的地道写得活灵活现，把与敌人的斗争也写得生动有趣，很符合小学生的阅读"胃口"。所以在教学过程中，尽量用孩子们喜欢的方式，创设不同的情境，设计不同的活动，让孩子们乐学、活学。

　　本单元是阅读策略单元，学习提高阅读速度的方法。改进阅读方法，提高阅读速度，是现代社会工作和学习的需要，也是终身学习和发展的需要。所以教师应把"引导学生带着问题读，做积极的阅读者，并且能综合运用学过的阅读方法，提高阅读速度"作为本课阅读教学的重难点。讨论提出、筛选问题的方法：有些问题不影响对文章主旨的理解，可以课后查阅资料解决，比如"冀中"在哪里；有些问题可以结合上下文理解，比如，什么是子口；有些问题很有价值，需要重点关注，并综合运用别的学习方法帮助理解，比如地道是什么样的？可辅助画图理解；有些问题在课文中不能立即找到答案，需要思考总结，与同学讨论后才能解决。引导学生从内容理解、主旨把握、写作方法、受到的启示等方面提出有价值的问题是学习"带着问题读"的前提，所以要注重问题的提出。有些同学虽然也提出了问题，但是阅读的时候，把问题抛在一边，一味求快地读，没有达到阅读的质量要求，也需要引起关注。另外，综合运用前面学习过的阅读方法，也很重要。比如，在读到地道如何防御敌人的进攻和信息传递部分时，可以运用抓住关键词的方法进行阅读。课内学习阅读方法，课外运用阅读方法进行阅读，才能学以致用，学有所用。只学不用，枉然也。所以在作业的设计上，着重布置了课外阅读的题目，但是没有限制阅读篇目，让孩子们自由选择自己正在读的，或者喜欢的文章或书籍阅读。如有条件，可在课外阅读后开个阅读交流会，让孩子们互相学习，共同进步。

在本次教学中，教师组织学生观看电影《地道战》，这部优秀的老电影生动、形象、感染力强，蕴含着丰富的思想、文化价值，把课文教学和经典电影联系起来，既深化了对课文内容的理解，又激励了青少年向英雄人物学习，潜移默化地树立民族意识、国家意识和社会主义核心价值观。在今后的教学中，教师要把优秀经典的影片播放或推荐给孩子们看，同时希望校外活动场所和社会观影资源合力助力学生的影视教育，形成影视教育的浓厚氛围。

本节课教学方式灵活多样，学生学习兴趣浓厚，收获也很大。多站在孩子的角度，多尝试用孩子喜欢的方式开展教学活动，真的会事半功倍。

第六节 《百炼成钢——保尔的成长史》影视教育课堂实践探索

表 25 《百炼成钢——保尔的成长史》影视教育课堂实践探索

姓名	年级	教材单元	学校	课型	课时	影视资源
明桂英	八年级	第六单元名著导读	东莞市南城阳光实验中学	讲授	1课时	电影《钢铁是怎样炼成的》片段、学生拍摄的微电影

作者信息：明桂英（语文教师）

职称：中学高级

学校：东莞市南城阳光实验中学

参与设计：明桂英（语文教师）、孙迎春（综合教师）、方月清（语文教师）、张鸿（语文教师）、胡鹏飞（语文教师）、冯少环（语文教师）、邹远梅（语文教师）、李文倩（语文教师）、代冰洁（语文教师）、万汉熙（语文教师）

一、教学背景

（一）课程标准要求

《义务教育语文课程标准（2022 年版）》指出，整本书阅读，要开展多样的读书活动，丰富、拓展名著阅读。借助多种媒介讲述、推荐自己喜欢的名著，说明推荐理由；尝试改编名著中的精彩片段。课程资源的使用要以促进学生核心素养发展为目的，多角度挖掘其育人价值，与课程内容形成有机联系，促进课程目标全面达成。

（二）学习任务分析

在常规、静态阅读方式下，初中生对名著阅读兴趣不足，阅读效率低下。通过影视戏剧学习任务驱动，学生变被动式阅读为主动体验式阅读，变扁平理解为立体感受。

（三）具体学情分析

如今的中学生生活在和平幸福年代，他们很难体会《钢铁是怎样炼成的》这部小说所描绘的战火连天的艰苦岁月，对保尔为理想而献身的精神、钢铁般的意志和顽强奋斗的高贵品质也很难理解。再加上这还是一部外国小说，中学生无论是在时空上还是心理上都有一定的距离感。但是，小说中保尔和冬妮娅的爱情故事却是情窦初开的少男少女产生阅读兴趣的一个重要方面。

二、教学目标

（一）教学目标

第一，梳理保尔的重要成长经历。
第二，深度思考保尔的成长历程。
第三，创编剧本并拍摄微电影。

（二）教学重难点及教学策略

1. 教学重点和难点

（1）梳理保尔的重要成长经历。（重点）

（2）深度思考保尔的成长历程。（重点）

（3）创编剧本并拍摄微电影。（难点）

2. 重难点突破策略

开发和利用影视戏剧资源来激发学生的兴趣，课前截取相关的电影片段、做好创编剧本和拍摄微电影的准备，设计有趣、有深度的问题展开专题讨论，设置体验式教学情境。

三、教学评价

学生方面：无论是课前的准备，还是课堂教学，学生都非常积极，参与度相当高，阅读和拍摄微电影的兴趣高涨，沟通、合作和创新能力在活动中不断表现出来。学生的语文核心素养得到充分提高，并在学业质量检测中表现优秀。

教师方面：通过对影视戏剧元素的探索与实践，教师在整本书阅读教学上提供了多元化的策略；同时本课得到专家和老师们的好评，在全市推广。

四、教学过程

整体设计：整节课采用六个活动来梳理保尔的重要成长经历，在活动中贯穿朗读、概括、讨论等形式，培养学生的高阶思维，让深度阅读真实发生。

开门见山导入：同学们，这节课我们一起来看看《钢铁是怎样炼成的》主人公保尔·柯察金是如何百炼成钢的？他在成长中经历了什么？

（一）活动一：学生看戏剧短片，猜经历

明确：保尔辍学。

PPT 显示文段：

> 被赶到门外的保尔坐在最后一级台阶上。他想：他可怎么回家呢？母亲在税务检查员家里当厨娘，从清早忙到深夜，为他操碎了心，现在对她怎么交待呢？
>
> 想到这里，他被泪水哽住了。
>
> "我现在怎么办呢？都是这个该死的神父。我干吗要给他撒烟末呢？是谢廖沙叫我干的，他说：'我们来给这个讨厌的恶鬼撒点儿烟末。'我们就撒了，谢廖沙倒没事儿，我可要被赶出学校了。"

教师提问：保尔为什么会辍学？他此时的心情是怎样的？这是一个怎样的少年？

小结这段经历：辍学打工之苦。

设计意图：引导学生回忆保尔辍学的原因，体会保尔辍学后的心理——他对母亲感到愧疚，对神父充满憎恶，对谢廖沙充满埋怨，有着既后悔又痛苦的复杂心情；认识少年保尔以淘气顽皮来进行反抗的性格特点。

（二）活动二：学生看电影片段，猜经历

明确：保尔头部受伤。

PPT 显示文段：

> 保尔的坐骑惊恐地嘶叫着，竖起前蹄，猛地一跳，带着保尔越过倒在地上的人，径直对着机枪旁边的波兰兵奔去。于是，马刀在空中画了一个闪光的弧形，砍进一顶蓝色的四角军帽。
>
> ......

保尔已经完全感觉不到个人的存在，这些日子，日日夜夜都在进行激烈的战斗。他，柯察金，融合在集体之中，和每个战士一样，仿佛忘记了"我"字，脑子里只有"我们"："我们团，我们骑兵连，我们旅。"

……

保尔哆嗦了一下。列图诺夫，他那英勇的师长，舍己忘身的好同志牺牲了。难以遏制的狂怒袭上保尔的心头。

他用刀背狂抽着已经疲惫不堪、满嘴是血的战马格涅德科，向厮杀得最激烈的地方冲去。

"砍死这帮畜生！砍死他们！砍死这些波兰贵族！他们杀死了师长！"混战之中，无法看清对方，他挥起军刀，对准身穿绿色军服的人劈了下去。师长的牺牲，激起骑兵连战士对敌人的无限仇恨，他们把波军一个排都砍死了。

教师提问：保尔伤得如此严重，发生了什么事？保尔为什么会如此英勇杀敌？

设计意图：引导学生关注保尔在战场上英勇无畏、奋勇杀敌的细节，战马的嘶叫、一系列动作描写，从侧面突出了保尔的英勇无畏。引导学生关注保尔在思想上，从以前的"我"上升到"我们"，经历了由个人到集体的蜕变。

"砍死这帮畜生！砍死他们！砍死这些波兰贵族！他们杀死了师长！"（指导学生朗读这句话，读出爱憎分明之感，读出对敌人的无限仇恨，读出对师长的无限痛惜）

设计意图：引导学生关注保尔的人生目标。为了保家卫国，保尔目睹瓦利亚、师长和战友的牺牲，他的精神受到了更加深刻的洗礼——成为布尔什维克的目标更加清晰。

小结这段经历：战场受伤之痛。

（三）活动三：学生看微电影，猜经历

明确：保尔与冬妮娅分手。

PPT 显示文段：

他目不转睛地看着她，紧紧地皱着眉头，低声回答说："冬妮娅，这件事我们已经谈过了。当然，你知道我曾经深爱过你，而且即便是现在，我对你的爱还可以恢复，不过你必须跟我们在一起。我已经不是从前的那个保夫鲁沙了。那时候我可以为了你的眼睛从悬崖上跳下去，现在回想起来，感到十分惭愧。如果是现在，那我说什么也不会去跳。可以拿生命冒险，但不应该是为了姑娘的眼睛，而应该是为了别的事情，为了伟大的事业。如果你认为我首先应该属于你，然后才属于党，那么，我不会成为你的好丈夫。我首先是属于党的，其次才是属于你和其他亲人的。"

冬妮娅悲伤地注视着碧蓝的河水，两眼噙满泪水。

教师提问：保尔与冬妮娅分手，有人说这是必然，也有人说是保尔太绝情，你怎么看？

设计意图：这是少男少女们最感兴趣的一段经历，学生拍摄的微电影将会把课堂气氛推向高潮。认为他们分手是必然的同学，一定从文中发现了他们家庭的悬殊、经历的不同、阶层的差异和保尔思想的转变；认为保尔绝情的同学，应该从文中看到了冬妮娅对保尔的帮助和照顾，她有一颗善良之心。这一番深入讨论，既是对保尔与冬妮娅分手原因的讨论，也引发了中学生对爱情的思考，更有利于学生发散性思维的发展，同时把平时的浅阅读引向了深入。在思想上，这一经历使保尔变得更加成熟，由个人

的"小爱"升华到对党和人民的"大爱"。

小结这段经历：情感波折之伤。

（四）活动四：学生看图片，猜经历

明确：保尔筑路。

PPT 显示文段：

柯察金费了好大的劲才把一只脚从黏泥里拔了出来，他感到脚底下**冰冷彻骨**，知道是他那只靴子的烂底全掉了。来到这里以后，这双**烂靴子**让他吃了不少苦头：靴子总是**湿漉漉**的，走起路来里面的泥浆扑哧扑哧直响。现在靴底干脆掉了，他只好光脚泡在**冷得刺骨**的烂泥里，这只靴子害得他无法干活。保尔从**烂泥**里捡起那片靴底，绝望地看了看，可还是忍不住骂了起来，虽然他曾经发誓不再骂人。他拎着破靴子走进板棚，在行军灶旁坐下，解开满是污泥的包脚布，把那只**冻得发麻**的脚放到炉子跟前。

教师提问：从文段中的关键词中，你感受到了什么？

设计意图：直击眼球的烂鞋子图片和文段对照起来，让学生明白保尔修路的环境恶劣，条件艰苦，寒冷痛苦，体悟他的无私奉献精神。

小结这段经历：严寒修路之艰。

（五）活动五：学生看影视片段，猜经历

明确：保尔自杀。

PPT 显示文段：

他的手在口袋里摸到了光滑的勃朗宁手枪，手指头习惯性地攥住

215

了枪柄。他慢慢地掏出了手枪。

"谁能想到，你会有这么一天呢？"

枪口轻蔑地望着他的眼睛。他把手枪放到膝盖上，恶狠狠地骂起来："老兄，这不过是虚假的英勇行为，任何一个笨蛋都会随时冲着自己开一枪。这是摆脱困境的最怯懦也是最容易的办法。活得艰难，就自杀。对于胆小鬼来说，没有比这更好的出路了。可你试过去战胜这种生活吗？你是否已经尽了一切努力来冲破这个铁环呢？难道你已经忘记了在诺沃格勒·沃沦斯基城下，是如何一天发起十七次冲锋，克服千难万难，最终攻克了那座城市的吗？把手枪藏起来，永远不要对任何人提起这件事。纵使生活到了实在难以忍受的地步，也要活下去。要竭尽全力，让生命变得有益于人民。"

教师提问：保尔自杀前，内心进行了激烈的思想斗争，最终战胜了自我，保尔说"纵使生活到了实在难以忍受的地步，也要活下去"。这让人想起鲁滨孙独自流落荒岛时的生死抉择。在我们读过的文学作品中，你想起了谁？

设计用意：看影片激发学生直观的兴趣，也让学生明白钢铁战士也有情感脆弱的时候，勇士和懦夫最大的区别是勇士最终战胜了自己。引导学生朗读保尔的内心独白："纵使生活到了实在难以忍受的地步，也要活下去。"把"活"字读三遍，读出战胜自我的坚定信心。由此勾连起学过的文学作品中的人物。《秋天的怀念》中的史铁生、《假如给我三天光明》中的海伦·凯勒，这两个人物和保尔属于同类人物。提示学生《骆驼祥子》中的祥子面对虎妞难产而死，葬妻卖车，小福子自杀，在巨大的打击面前，祥子也活了下来，引导学生思考祥子的"活"和保尔的"活"有什么不同？如同臧克家所说"有的人活着，他已经死了"，祥子的活只是一具行尸走肉。同样是活着，但是活的意义不同、价值不同。以此让学生体会到

"思辨"在阅读勾连中产生的碰撞，在思维活动中激起的火花。

小结这段经历：疾病缠身之磨。

（六）活动六：教师设置情境，学生猜经历

明确：保尔创作。

PPT 显示文段：

保尔笑着安慰她说：

"明天他们会给我送一块刻好格子的板子来，是用硬纸板做的。没有这块板子我没法写字，会把不同行的字重叠在一起。我想了很久，才想出这么个办法，就是在硬纸板上刻出一条条空格，这样我的铅笔就不会写到格子外面。我看不见所写的东西，写起来是很困难，但也不是没法做到。我对这一点深信不疑。我试了好长时间，开始一直写不好，但是现在我慢慢地写，每个字母都仔细地写，结果写出来的字挺不错了。"

保尔开始工作了。

他计划写一部关于英勇的科托夫斯基骑兵师的中篇小说，书名不假思索就出来了：《暴风雨所诞生的》。

教师设置真实情境：请一个同学上台，用布蒙住双眼，左臂不能动，瘫坐在椅子上。请他在黑板上画的格子里面，第一行写上：百炼成钢；第二行写上：我爱语文。

采访体验的学生：这样写字的感受怎么样？同样的困难，我们看看保尔是怎么解决的？从中你想到了什么？

设计意图：模拟真实情境，让学生亲身体验保尔在双眼失明、瘫痪的状态下创作的艰难。然而保尔没有放弃，他还想出了解决问题的办法，让

学生明白：世上无难事，只怕有心人。办法总比困难多。只要拥有顽强执着的信念，问题总会解决的。

小结这段经历：文学创作之折。

（七）教师总结

保尔的成长经历：

辍学打工之苦。

战场受伤之痛。

情感波折之伤。

严寒修路之艰。

疾病缠身之磨。

文学创作之折。

在艰难痛苦和折磨之中，保尔孜孜不倦地读书，英勇无畏地杀敌，舍生忘死地筑路，排除万难地写作，他为理想献身的精神、钢铁般的意志和顽强奋斗的高贵品质毫无保留地显现出来。

（八）学生谈感悟

保尔从淘气少年到钢铁战士，他的成长经历让你有怎样的感悟？请用一句话概括。

设计用意：书籍是人类进步的阶梯。这一问题的目的是引导学生进一步进行思考概括，由作品到读者，让书籍对读者真正产生力量。

（九）课堂结束

以一段送给保尔的颁奖词结束全文：

强权面前不屈服，

爱情面前不妥协，

伤病面前不呻吟。

在读书中坚定信念，

在拉琴中斗志昂扬，

在创作中走向新生。

这力量是铁，

这力量是钢！

（十）板书设计

这堂课采用曲线式板书，意为保尔的成长经历曲曲折折，在磨难之中炼就成钢铁战士。

图 56　《百炼成钢——保尔的成长史》板书设计

五、教学反思

这节课采用六个活动来梳理保尔的成长经历，紧密践行新版课程标准对师生的要求。其中影视、微电影（角色扮演）活动属于阅读——创编——排练——展示的综合实践活动，学生的语文核心素养得到培养的同时，也大大激发了学生的学习兴趣；对保尔和冬妮娅分手原因的深入讨论，对保尔与其他文学作品中不同人物"活下去"的对比分析，让学生的高阶思维得到了锻炼；在真实环境下的情境体验活动中，学生对保尔创作时的艰难能够感同身受。课后，学生反映非常喜欢这堂课的教学活动，在愉快的学习中潜移默化地实现了学习目标。本课以学生为主体，运用信息化手段突出了教学重点，突破了教学难点。

　　注：本节中译文均来自新世纪出版社 2019 年出版的《名家经典导读 钢铁是怎样炼成的》（原作者：尼·奥斯特洛夫斯基，译者：关悦）。

第七节 《西门豹治邺》影视戏剧教育课堂实践探索

表 26 《西门豹治邺》影视戏剧教育课堂实践探索

姓名	年级	教材单元	学校	课型	课时	影视资源
章佳平	四年级	第八单元	东莞市南城阳光第四小学	讲授	2 课时	课本剧《西门豹治邺》

　　作者信息：章佳平（语文教师）

　　职称：一级教师

　　学校：东莞市南城阳光第四小学

一、教学背景

（一）课程标准要求

　　《义务教育语文课程标准（2022 年版）》对第二学段学生复述能力的要求是："能复述叙事性作品的大意，初步感受作品中生动的人物形象和优美的语言，关心作品中人物的命运和喜怒哀乐。"强调了复述故事与感受人物形象之间的关联性，突出能力与语言积累、人文精神陶冶之间的有机统一。

（二）学习任务分析

《西门豹治邺》属于部编人教版语文四年级上册第八单元的课文，它根据《史记·滑稽列传》中的相关章节改编，讲述了战国时期官员西门豹治理邺县、破除迷信、造福百姓的故事，全文情节紧凑，通过对不同人物的言行刻画，表现了西门豹的智慧。本单元的语文要素是"简要复述课文"，让学生在复述故事的过程中感受西门豹的人物形象，内化和积累语言，促进口语表达能力和思维能力的提升。

（三）具体学情分析

在第一学段，学生已有借助图片、文字提示等讲故事的练习。在三年级下册第八单元"有趣的故事"中，编排了四篇篇幅较长的课文，首次出现以"复述故事"为单元语文要素的集中学习，要求学生"了解故事的主要内容，复述故事"，并注重复述故事方法的落实，比如借助表格、地点提示、时间提示等支架进行复述。在四年级上册第八单元中，进一步要求学生能根据课文情节、人物言行等"简要复述课文"，同时有重点、创造性地进行复述，对学生复述故事的能力提出更高的要求。

二、教学目标

（一）教学目标

第一，借助关键词和情节导图，梳理课文情节，学习概括复述。

第二，借助西门豹等主要人物的言行细节，学习有重点的复述。

第三，借助想象补白，深入人物内心，学习创造性的复述。

（二）教学重难点及教学策略

1. 教学重点和难点

（1）借助关键词和情节导图，梳理课文情节，学习概括复述；借助人物言行细节，学习有重点的复述。（重点）

（2）借助想象补白，学习创造性的复述。（难点）

2. 重难点突破策略

为突破本课的重难点，主要采用关键词支架、图示支架和想象支架，帮助学生梳理故事情节，有序、有重点地复述故事。

三、教学评价

表 27　"我是复述故事小达人"评价表

评价项目	自评	小组互评	师评	总评
情节完整	☆ ☆ ☆ ☆ ☆	☆ ☆ ☆ ☆ ☆	☆ ☆ ☆ ☆ ☆	（　　）星
重点突出	☆ ☆ ☆ ☆ ☆	☆ ☆ ☆ ☆ ☆	☆ ☆ ☆ ☆ ☆	（　　）星
想象合理	☆ ☆ ☆ ☆ ☆	☆ ☆ ☆ ☆ ☆	☆ ☆ ☆ ☆ ☆	（　　）星
复述流利	☆ ☆ ☆ ☆ ☆	☆ ☆ ☆ ☆ ☆	☆ ☆ ☆ ☆ ☆	（　　）星
声情并茂	☆ ☆ ☆ ☆ ☆	☆ ☆ ☆ ☆ ☆	☆ ☆ ☆ ☆ ☆	（　　）星

四、教学过程

（一）教学过程框架

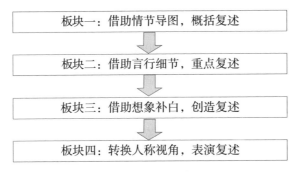

图 57　教学过程框架示意图

（二）具体教学流程

板块一：借助情节导图，概括复述

1. 理解课题

（1）思考课题的意思，厘清课文主要人物、地点和主要事件。

（2）"西门豹"姓什么，了解我国的复姓文化。

（3）重点指导书写课题中的生字"豹"，通过字理识字，让学生懂得"豹"的左边是"豸"，"豸"表示虫子，是一种爬行动物。

2. 读准词语

田地荒芜　人烟稀少　年年干旱　河神娶媳妇

提心吊胆　面如土色　磕头求饶　满脸泪水

发动百姓　开凿渠道　灌溉庄稼　年年丰收

3. 借助以上关键词语，梳理故事情节

教师提醒学生每一组词来自课文的一个事件，自由朗读课文，完成情节导图。

（　　　）→（　　　）→ 兴修水利

4. 根据故事情节导图，用一句话复述全文

教师引导学生根据故事情节导图，用一句完整的话来复述全文。

5. 借助关键词和情节导图，进行简要复述

调查民情 →	惩治恶人 →	兴修水利
田地荒芜	提心吊胆	发动百姓
人烟稀少	面如土色	开凿渠道
年年干旱	磕头求饶	灌溉庄稼
河神娶媳妇	满脸泪水	年年丰收

设计意图：此环节由课题入手，帮助学生借助课题，初步理解课文的主要人物和主要事件，再从分组的词语到对应的故事情节，从一句话简要复述，到同时借助关键词和情节导图进行复述，环环相扣，层层铺垫，帮助学生完成第一个层次的复述。

板块二：借助言行细节，重点复述

1. 厘清课文主要内容，明确复述重点

让学生再次默读课文，对照情节导图，思考复述时应该注重哪一个情节。（惩治恶人）

2. 聚焦重点情节，厘清逻辑顺序

让学生默读课文第 11—14 自然段 "惩治恶人" 部分，厘清西门豹惩治恶人的顺序，完成其惩治恶人的顺序图，并说一说为什么西门豹要按照这样的顺序。

惩治巫婆 → （　　　　　） → （　　　　）

3. 聚焦西门豹言行变化，关注其态度变化，完成表格

表 28　西门豹言行变化

惩治顺序	所说的话	所做的事	态度
惩治巫婆	"不行，这个姑娘不漂亮，河神不会满意的。麻烦你去和河神说一声，说我要选个漂亮的，过几天就送过去。"	把巫婆直接投进漳河。	比较客气
惩治官绅头子	"巫婆怎么还不回来，麻烦你去催一催吧。"	把官绅头子直接投进漳河。	逐渐急促
惩治其他官绅	"怎么还不回来，请你们去催催吧！"	准备把他们投进漳河。	态度坚决

4. 借助人物言行细节表格，进行重点复述

设计意图：复述时要抓住课文的主要内容，其他次要内容可以省略，本课中，调查民情和兴修水利不是主要内容，惩治恶人才是主要内容，因此复述时要紧紧抓住西门豹惩治巫婆和官绅时的言行细节，进行重点复述。

板块三：借助想象补白，创造复述

1. 想象补白西门豹的内心想法

他看到这个地方田地荒芜、人烟稀少，并从老大爷的口中得知都是河

神娶媳妇给闹的，心里会想：_____

当他得知巫婆、官绅硬逼老百姓出钱给河神娶媳妇，还瓜分钱财时，心里会想：_____

他听到漳河没发过大水，倒是年年干旱时，又会想：_____

_____

2. 想象补白西门豹的真实目的

当他看到巫婆兴高采烈地扶着新娘到跟前，掀开盖头一看，那新娘却满脸泪水时，他说新娘不漂亮的目的是：_____

他把巫婆投进漳河的目的是：_____

当他看到官绅们吓得面如土色时，他的目的是：_____

_____

3. 想象补白老百姓的态度变化

河神娶媳妇那天，河边站满的老百姓对待西门豹的态度是：_____

_____

当西门豹把巫婆和官绅头子都投进漳河，而他们却一去不复返时，老百姓的态度是：_____

当西门豹带领老百姓开凿渠道，庄稼获得好收成时，老百姓的态度是：

_____

设计意图：中国传统审美强调留白的艺术，此环节可以让学生有充分的想象空间，更加深入地了解故事人物的内心世界，可以及时填补课文中没有明确写出来的画面，这样创造性的复述充满了趣味性。

板块四：转换人称视角，表演复述

1. 结合课后阅读链接，编写简单剧本

本课的课后阅读链接是编写剧本，呈现了课本剧《西门豹治邺》的开

头，展示部分舞台提示语和主角西门豹的一句台词，教师可以提供不同场景的剧本创作单，让学生以小组为单位，补充剧本，再现故事的情境。剧本创作单详见附件。

2. 根据剧本中不同的人称视角，进行表演复述

（1）老大爷的视角。当西门豹说要去"送送新娘"时，老大爷会如何和邻居们说西门豹调查民情的经过？当老大爷看到年年丰收的庄稼时，会怎样和子孙讲述西门豹惩治恶人、破除迷信的故事？以第三视角为复述角度，让复述更有角色代入感。

（2）官绅的视角。当年没有被西门豹投进漳河的那些官绅，会怎样和自己的下属讲述当年西门豹治理邺县的故事？

（3）西门豹的视角。西门豹回到朝廷之后，会怎样向当朝的执政者讲述他在邺县惩治恶人的经过？以第一人称的视角，复述不一样的故事。

3. 小组课后排练课本剧，在下一节课分组呈现课本剧《西门豹治邺》

设计意图：结合本课的故事人物所处的生活，创设多视角、多情境的复述，让学生声情并茂地复述故事，再结合课后阅读链接的剧本编写，让学生深入角色的扮演与体验，让语文与戏剧两者进行深入融合，实现跨学科学习，全面提升学生的综合素养。

五、教学反思

"复述故事"是学生阅读、口语表达和思维的综合能力体现，在教学中，应避免机械性、重复性的简单复述，而应该设计大情境，以任务驱动的形式，以丰富的复述支架和多种人物视角，逐步让学生进行"沉浸式"的复述故事体验，在重点复述中感受多彩的人物形象，在创造性复述中感受想象的乐趣，在表演复述中感受戏剧与语文学科的融合趣味。

六、相关照片

图 58 《西门豹治邺》表演实景

附件

西门豹治邺

（本剧根据课文《西门豹治邺》改编）

小组名称：_____

第一幕　调查民情

场景：魏国邺县的田野上

时间：战国时期

人物：西门豹、老大爷

故事背景：战国时期，魏国的国君派西门豹去管理漳河边上的邺县，西门豹来到那个地方，看到天地荒芜，人烟稀少，迎面走来一位老大爷。

西门豹　（扶住老大爷）老大爷，我是新来的官员西门豹。这里怎么没有人种地啊？

老大爷　（摇了摇头）_____

西门豹　（疑惑）娶媳妇？

老大爷　（在田边坐下）大人，河神是漳河的神，每年都要娶一个年轻漂亮的姑娘。要不这样，漳河就会发大水。

西门豹　这话是谁说的？

老大爷　_____

西门豹　（皱眉）那新娘从哪儿来？

老大爷　（叹气）_____

西门豹　（严肃）那么漳河发过大水没有呢？

老大爷　（望着枯萎的庄稼，摇头叹气）_____

西门豹　（胸有成竹）看来，这巫婆还挺灵的，下次河神娶媳妇，麻烦告诉我一声，我也去送送新娘。

第二幕　惩治恶人

场景： 魏国邺县的漳河边

时间： 战国时期

人物： 西门豹、三位官员、巫婆、小巫、士兵若干、老百姓若干

【到了河神娶媳妇的那一天。】

老百姓1 （好奇）也不知道这次的新娘漂不漂亮，听说花了好多钱，今年的庄稼收成又不好，我们都不知道怎么过下去。

老百姓2 （低声耳语）听说是隔壁村李家的女儿，才十五岁，唉，遭罪了……

老百姓3 （　　）_____

【西门豹带着士兵上场。】

官员们 （跪下）拜见西门大人！

西门豹 （不耐烦）新娘怎么还没到啊？

官员1 （害怕）_____

【远处传来新娘的哭声，巫婆和小巫扶着新娘上场。】

西门豹 （掀起红盖头，见新娘满脸泪水，假装很不满意）不行，不行！这新娘不漂亮。巫婆，你去和河神说一声，过几天我再找个漂亮的给他送去。

【士兵架起巫婆，把巫婆投进了漳河。小巫颤抖着扶着新娘下场。】

巫婆 （挣扎）_____

西门豹 （很不耐烦）_____

官员1 （立马跪下）大人……大人饶命……

【士兵又把官员1投进了漳河，官员1扑腾几下就沉入了水中。】

其他官员 （面如土色，连忙跪下）_____

西门豹 （严肃）把新娘送回原来的人家，并好生照顾。这次搜刮的钱全部用于老百姓的赈灾补贴，每家每户按人口派发。还跪着干什么，马上

去办!

其他官员 （颤抖）_____

第三幕　造福百姓

场景： 魏国邺县的一户人家门前

时间： 战国时期

人物： 西门豹、老大爷、老大爷的儿子、老大爷的儿媳妇、老大爷的孙子

【几年后，西门豹带领老百姓开凿了十二条渠道，把漳河的水引到田里。庄稼长得喜人，年年获得好收成。一天傍晚，老大爷一家坐在门前。】

　老大爷 （望着成熟的庄稼）_____

　儿子 （高兴）爹，你看，小孙孙也长大了不少。

　儿媳妇 （抱着一个小婴儿）_____

　西门豹 （大声）老大爷!

　老大爷 （颤巍巍）西门大人功德无量啊!

　西门豹 （扶着老大爷）_____

　老大爷 （慈祥）这是我儿子一家。

　西门豹 （惊喜）咦，这不是当年河神的新娘吗?

　儿媳妇 （笑着，作揖）正是呢，感谢西门大人救命之恩!

　儿子 （作揖）如果没有西门大人，也就没有我们老百姓的好日子啊!

　西门豹 （仔细地观察小婴儿）_____

　老大爷 （挥手）老百姓都会惦记着您呢!

　儿子、儿媳妇 西门大人再见!

　西门豹 （挥手）再见!

第八节 《雷锋叔叔，你在哪里》

——语文与教育戏剧的融合

表 29　语文与教育戏剧的融合范例

姓名	年级	教材单元	学校	课型	课时	影视资源
罗敏、王静	二年级下册	第二单元	成都市草堂小学	课本剧表演	1 课时	雷锋叔叔的故事

作者信息：罗敏、王静

职称：二级教师、一级教师

学校：成都市草堂小学

一、教学背景

（一）课程标准要求

《义务教育艺术课程标准（2022 年版）》正式将戏剧表演纳入义务教育阶段的艺术课程中。

1—2 年级的学习任务主要依托唱游·音乐实施，任务为"模拟表演"，即对日常生活中熟悉的人、动物、植物进行模拟，培养学生对所表现对象特征的观察和概括能力，鼓励学生运用自己的表情、身体、语言进行表演。

3—7 年级的学习任务主要依托音乐及语文、外语实施，任务为"课本剧表演"，即选用音乐、语文、外语等教材中的教学素材，进行课本剧编创表演，观看传统戏曲表演，培养学生的舞台表演意识和对表演活动进行评价的能力。

（二）学习任务分析

《雷锋叔叔，你在哪里》的体裁是诗歌，用问答的形式，带领我们"沿着长长的小溪""顺着弯弯的小路""乘着温暖的春风"去寻找雷锋的足迹，了解雷锋的先进事迹，感知平凡世界中的不平凡，学习关爱他人、乐于奉献的雷锋精神。

全诗共有五个小节。

其中，第一、二小节写"沿着长长的小溪"寻找，小溪向我们讲述雷锋冒着蒙蒙细雨，在泥泞的路上抱着迷路的孩子的事迹。

第三、四小节写"顺着弯弯的小路"寻觅，小路向我们讲述雷锋踏着荆棘、流着汗滴背年迈大娘的事迹。诗歌具有故事性，通过对人物动作和情感的揣摩，适合与语文素养结合改编成课本剧，让学生在演绎中深刻领悟雷锋精神。

（三）具体学情分析

二年级的学生通过少先队学雷锋等活动，对雷锋叔叔的事迹有了一定了解，但是在生活中雷锋叔叔无私奉献、乐于助人的精神与学生的日常生活缺乏连接，并没有将雷锋精神内化为学生的实际行动。

二年级的学生有一定的模仿和创编能力，能根据关键词作出相关动作，表达完整的句子。因此，通过课本剧表演，学生能了解雷锋叔叔的感人事迹，建立故事与现实生活的连接。

二、教学目标

（一）教学目标

第一，理解诗歌内容，根据诗歌的关键词表演人物动作，想象人物语言。

第二，根据诗歌内容改编两个小故事，结合生活场景创编一个小故事。

（二）教学重难点及教学策略

1. 教学重点和难点

根据诗歌内容改编故事，表演人物动作和对话，丰富故事内容。

2. 重难点突破策略

（1）老师引导学生揣摩人物的心理，想象人物的对话。

（2）老师提示对话内容，学生根据对话内容，结合人物特征表演动作。

三、教学评价

第一，教师能有效调动学生参与表演的积极性。

第二，教师能引导学生发挥想象，丰富故事细节，拓展故事内容。

第三，师生能有效互动，鼓励学生创编故事。

四、教学过程

表 30 《雷锋叔叔，你在哪里》教学环节与过程

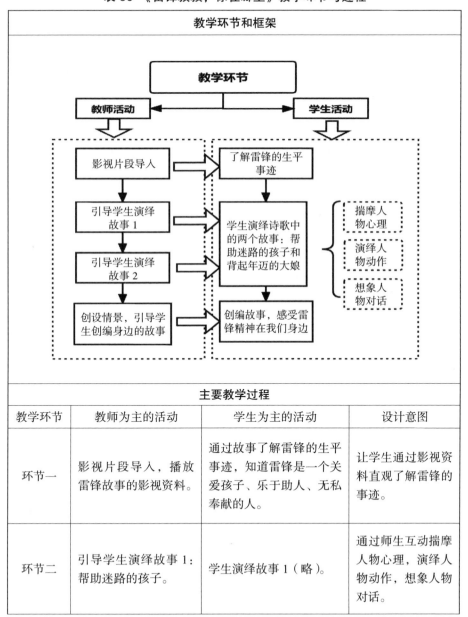

教学环节	教师为主的活动	学生为主的活动	设计意图
环节一	影视片段导入，播放雷锋故事的影视资料。	通过故事了解雷锋的生平事迹，知道雷锋是一个关爱孩子、乐于助人、无私奉献的人。	让学生通过影视资料直观了解雷锋的事迹。
环节二	引导学生演绎故事1：帮助迷路的孩子。	学生演绎故事1（略）。	通过师生互动揣摩人物心理，演绎人物动作，想象人物对话。

续表

主要教学过程		
环节三	引导学生演绎故事 2：背起年迈的大娘。	学生演绎故事 2（略）。	通过师生互动揣摩人物心理，演绎人物动作，想象人物对话。
环节四	引导学生创编身边的雷锋故事。	学生演绎身边雷锋的故事（略）。	结合学生身边的故事进行创编，将雷锋精神与现实生活相结合。
环节五	组织学生对表演过程中最欣赏的同学表达赞美。	学生称赞在不同环节表现出色的同学。	同学互相欣赏、互相鼓励，提高学生表演的积极性。
作业布置（参考）	分小组演绎雷锋故事片段，各小组合作演绎完整的雷锋故事。		
板书设计（参考）	雷锋叔叔，你在哪里 故事 1：帮助迷路的孩子　　故事 2：背起年迈的大娘　　故事 3：身边的雷锋故事		

五、教学反思

第一，课本剧创编要贴近孩子的语言，贴近学生生活，才能让孩子的表演得到更充分的发挥。

第二，孩子们已经有了一定的自我参与意识，课堂表演要充分发挥学生的主体性，在人物动作和语言方面给孩子更大的发挥空间。

第三，班级课本剧的表演重在对演绎过程的引导，在过程中体会人物情感、调动学生表演的参与性，结合故事情景表现人物动作和语言。

附件1：学生收获

孩子们感受到戏剧是一个整体，除了台上表演的演员，还需要其他方面的充分配合。

孩子们认识到自己在台上的不足，总结表演时不要太紧张，要有自信，不能背台，声音要放大，脸上的表情要到位，要让别人看到自己的脸。

负责剧务的孩子说，刚开始的时候不知道人数和先后顺序，后面厘清了剧目顺序和人物上场的先后顺序就有了头绪。

孩子们还看到很多同学在台上的表现，也为同学的精彩表现感到高兴，并暗下决心向他们学习。

附件2：学生课本剧演绎照片

图59　雷锋帮助迷路的小孩

图60　雷锋背起年迈的大娘

图61　身边的雷锋故事

图62　学生互相夸赞

第九节 《青蛙卖泥塘》影视教育课堂实践探索

表31 《青蛙卖泥塘》影视教育课堂实践探索

姓名	年级	教材单元	学校	课型	课时	影视资源
邹丽萍	二年级	第七单元	成都市双眼井小学	讲授	2课时	影视欣赏、情境表演

作者信息：邹丽萍（语文教师），青羊区优秀青年教师、青羊区优秀班主任、青羊区优秀共产党员、青羊区师德先进个人。

职称：小学高级教师（一级教师）

学校：成都市双眼井小学

一、教学背景

（一）课程标准要求

《义务教育语文课程标准（2022年版）》（简称《课标》）在第一学段（1—2年级）有关"识字与写字"的目标与内容：喜欢学习汉字，有主动识字、写字的愿望。掌握汉字的基本笔画和常用的偏旁部首，能按笔顺规则用硬笔写字，注意间架结构。初步感受汉字的形体美。努力养成良好的写字习惯，写字姿势正确，书写规范、端正、整洁。第一学段（1—2年级）有关"阅读"的目标与内容：学习用普通话正确、流利、有感情地朗读课文。喜欢阅读，感受阅读的乐趣。阅读浅近的童话、寓言、故事，向往美好的情境，关心自然和生命，对感兴趣的人物和事件有自己的感受和想法，并乐于与人交流。

（二）学习任务分析

《青蛙卖泥塘》是部编人教版语文二年级下册第七单元的课文。这是一篇有趣的童话故事，语言活泼明快，富有童趣。故事讲述的是：青蛙听取小动物们的建议，在泥塘周围种了草、引了水、栽了树、种了花、修了路，还盖了房子。在不知不觉中，以前的烂泥塘被青蛙用勤劳的双手创造成一个美好的、舒适的场所。看到这样美好的环境，青蛙就不再卖泥塘了。这个故事告诉学生，美好的环境是用自己勤劳的双手创造的。在本课的学习中，通过编创童话、分角色朗读课文，引导学生抓住课文的重点词语，了解青蛙在卖泥塘的过程中将泥塘装扮得越来越漂亮的故事。

（三）具体学情分析

低年级的学生对故事十分感兴趣，课堂上，老师组织学生进行情境表演，从而提高学生理解和运用语言文字的能力，激发学生学习语文的兴趣。

二、教学目标

（一）教学目标

第一，认识 14 个生字，会写 8 个生字。

第二，正确、流利、有感情地朗读课文，在理解课文内容的基础上，创设情境，演一演。

第三，学习课文，使学生感悟到美好的环境是靠我们勤劳的双手创造的。

（二）教学重难点及教学策略

1.教学重点和难点

学习生字词，正确、流利、有感情地朗读课文。了解青蛙没有卖掉泥塘的原因，感受泥塘发生的变化，感悟到通过我们勤劳的双手可以创造美好的环境。

2.重难点突破策略

通过讲述、朗读、分角色表演、影视欣赏等形式让学生走进故事，想象画面，感受形象，从而与故事中的人物同呼吸、共命运，体验真善美与假恶丑，同时学习语言，获得成就感。

三、教学评价

首先，在教学中关注学习实践过程，实现评教多元化。教师关心学生在教学互动中的参与程度，其中包括但不限于学生课堂发言交流的能力、学生读记写的熟练程度、学生总结和小组合作的能力等。其次，着眼于学生的综合素质培养，教师的教学目标应该是全面培养学生各方面的能力，扬长避短，让学生全面发展。最后，以欣赏的眼光看待学生，尊重、理解他们的每一项探究成果，尝试去理解他们的每一个观点，而不要一味地墨守成规，坚持以自己的评价标准去衡量学生的行为。

四、教学过程

表32　《青蛙卖泥塘》教学环节及过程

主要教学过程

第一课时

一、情境引入

1. 观看一段卖物视频，让学生仔细观察，并说出从这段视频中了解了哪些知识。

2. 学生观看视频。

3. 学生自由汇报，重点引导学生观察售货员是怎样介绍商品的。

4. 老师小结：售货员从商品的优点出发，详细认真地对商品进行介绍。这样才能吸引更多的顾客，才能卖得更好。

5. 揭示课题：今天，青蛙也来凑热闹，那它卖的是什么呢？对，它要卖自己的泥塘。揭示课题《青蛙卖泥塘》。

二、初读课文，检查预习情况

1. 自由读课文，要求：

（1）自由读课文，注意文中的生字，做到三不：不错字、不添字、不漏字。

（2）不会读的句子可以请教同桌，并多读几遍。

（3）实在不会读的生字请圈出来，等着全班交流。

（4）有不理解的词语请圈出来。

2. 学生按要求自由读课文。

3. 检查学生的预习情况。

（1）出示生字宝宝让学生开火车读一读，注意读准字音。

（2）去掉拼音宝宝让学生再读一读。

（3）学生汇报怎样记住这些生字宝宝。

（4）分类识字。①加一加：十加买是"卖"，片加卑是"牌"，口加幺是"吆"，土加亢是"坑"，舍加予是"舒"，扌加番是"播"，扌加散是"撒"。②减一减：茵减艹是"因"，泳减氵是"永"。③与水有关的"灌"，与树木有关的"栽"，与心理有关的"愣"。

（5）将这些生字送入词语中，让学生再认。

（6）说说哪些词语不太好理解。

三、再读课文，了解课文主要内容

1. 解决了生字的难题，现在我们读课文就更容易了。请12名同学来开火车读课文，每人读一个自然段。其他同学思考：课文主要讲了一件什么事？

2. 学生汇报交流。

3. 老师引导：课文主要讲了青蛙卖泥塘的事，你从哪里看出来的？

四、书写指导

1. 出示生字：蛙、搬、籽、破、卖、倒、泉、应。

2. 学生自由观察，看看哪些生字在书写的时候应该注意，应该注意哪些地方？

3. 学生汇报。

4. 根据学生的汇报，老师小结：

（1）左右结构的字：蛙、籽、破，蛙和破在书写时应该注意左窄右宽，籽应该注意左右分布均匀。

（2）左中右结构的字：倒和搬，注意各部分在田字格中的位置，分布均匀。

（3）上下结构的字：卖和泉，在书写时卖和泉都应该按上窄下宽的规则书写。

（4）半包围结构的字：应，要注意将里面部分包住，顺序是先外面再里面。

5. 学生描红，老师巡视指导。

6. 学生书写生字。

五、老师总结

今天我们解决了《青蛙卖泥塘》这篇课文里的生字，但还不知道它的泥塘究竟能不能卖出去。期待下节课，我们继续探究。

第二课时

一、激趣引入

1. 同学们，刚才老师在门口看到一张很特别的布告，你们想看吗？

2.（出示布告）瞧，它在这儿呢！

> **布告**
>
> 本人现有一泥塘出售，如有想买者，请速与本人联系。
>
> 青蛙

3. 看来青蛙的泥塘还没有卖出去，青蛙多着急呀！你们想帮帮它吗？

4. 那现在请你们坐好了，老师带你们一起去看看吧！

二、理解感悟 3—10 段

1. 表演感悟小动物们不买泥塘的原因。

（1）跟随着我们的脚步，很多小动物看了布告后也来到了青蛙的泥塘，它们会买青蛙的泥塘吗？请自由阅读 3—10 段，边读边想，有哪些动物从泥塘经过，它们想买泥塘吗？

（2）指名回答。

（3）真奇怪，青蛙的泥塘已经有泉水了，周围还有青草，怎么它们还不买泥塘呢？

续表

它们还有什么其他要求吗？现在请你们在小组里选择最喜欢的动物演一演，看看为什么小动物们觉得泥塘不是缺这就是缺那。

（4）学生分组进行练习。

（5）指名学生上台戴头饰表演。（课前准备好）

2. 创设情境感悟青蛙卖泥塘的过程。

（1）你们表演得真不错，把小动物们心里的想法都说出来了，那么青蛙有没有接受它们的这些意见呢？

（2）请你们自由读第 10 段，看看青蛙是怎么做的。

（3）指名回答，老师在黑板上相应的地方贴上"树、花、路、房子"。

三、引导探究，学习第 11 段

1. 引导探究，青蛙不卖泥塘的原因。

（1）现在青蛙的泥塘可真美啊！听，它在说什么？（找出青蛙的吆喝声）

（2）引导学生朗读。

（3）听完青蛙的吆喝，你有什么感受呢？

（4）泥塘究竟好在什么地方呢？找出具体的句子读一读。（课件展示青蛙吆喝的句子）

（5）多好的地方啊，现在你们就学着青蛙的样子，自己吆喝吧！（自由读第 5 段）指名吆喝，然后齐读。

（6）你们吆喝得真不错，连老师都想买下这个泥塘了，如果这么好的泥塘是你们的，你们会怎么想？

（7）青蛙又是什么反应呢？（出示句子：青蛙突然愣住了）这是一个什么样的动作？学生做一做"愣住了"的样子。

（8）想一想：青蛙为什么愣住了？它心里会怎么想？

2. 老师小结：同学们说得真不错，小青蛙用自己勤劳的双手使以前的烂泥塘发生了翻天覆地的变化，成了现在美丽舒适的家园。

3. 如果你们从现在的这个泥塘边经过，还想给小青蛙什么建议？（鼓励学生大胆想象）

4. 相信青蛙如果听了你们的话，一定会把泥塘变得更美丽。

5. 小青蛙现在有这么漂亮的家了，它邀请我们一起去玩呢，我们一起出发吧！

四、再读课文，升华情感

1. 学生再读课文，感受青蛙把泥塘变美的过程。

2. 你们有通过自己的努力把环境变美的经历吗？说说当时是怎样的感受？

五、拓展延伸

看看青蛙最后都吆喝了些什么？它在吆喝的时候都讲了泥塘的哪些特点？请你也学着青蛙的样子向同学介绍一本好书或者一幅好画吧！

续表

六、老师总结	
是呀！小青蛙通过自己付出的劳动，给烂泥塘种草、引水、栽树、种花、修路、盖房子……把烂泥塘变成了好地方。原本它是想卖泥塘的，现在却不卖了，这么好的地方它准备自己住。这说明美是可以通过我们付出的辛勤劳动而获得的！让我们把整个故事连起来读一读，感受小青蛙用勤劳的双手创造的美吧！	
作业布置（参考）	1. 选择一件你通过自己的双手把环境变美的事情，说说自己的感受。2. 学着青蛙的样子向同学介绍一本好书或者一幅好画。
板书设计（参考）	青蛙卖泥塘 破　搬　应 老牛　种草 野鸭　引水 小鸟　栽树 蝴蝶　种花 小兔　修路 小猴　盖房子

五、教学反思

《青蛙卖泥塘》是一篇童话故事，讲的是青蛙不愿住在烂泥塘里，想把泥塘卖掉搬到城里去住。在卖泥塘的过程中，青蛙听取了小动物们的意见一次次改造泥塘，最后把泥塘变成美丽舒适的家园，青蛙不再卖泥塘了。

本节课的目标是在会认 14 个生字、写 8 个生字的基础上，通过朗读明白可以用双手使我们的生活变得更美好的道理，所以在讲授本课时，教师需注重朗读教学，以读代讲，让学生在读中体会和感悟，整节课在重点语句上让学生采取不同的形式反复读。

通过讲授《青蛙卖泥塘》，有以下收获：

（一）目标要明确，不贪多贪全

本篇课文的教学目标：

第一，认识"卖、烂"等14个生字，读准多音字"喝"，会写"蛙、卖"等8个生字，会写"青蛙、草籽"等9个词语。

第二，朗读课文，能分角色表演故事。

第三，能说出青蛙为卖泥塘做了哪些事，最后为什么又不卖泥塘了。

第四，能结合课文内容，展开想象，说一说小鸟、蝴蝶等都说了什么。

因为一节课的时间是有限的，根据文本和学生的实际情况，紧紧抓住"双基"练习，确定了本课的教学目标：

第一，认识"卖、烂"等14个生字，读准多音字"喝"，会写"蛙、卖"等8个生字，会写"青蛙、草籽"等9个词语。

第二，能说出青蛙为卖泥塘做了哪些事，最后为什么又不卖泥塘了。

第三，朗读课文，从青蛙身上学到我们可以用自己的双手改变生活，让生活变得更美好的道理。

在《课标》中对低年级段也提出了明确要求，在识字、写字、阅读等方面要着重培养孩子的学习兴趣，让孩子养成良好的学习习惯。所以本节课教师紧紧围绕这三个教学目标，在充分朗读的情况下，让学生体会我们可以用自己的双手来改变生活，而没有求全求多、面面俱到。这样，一节课下来，学生不会感到吃力，学得比较轻松，有助于学生学习兴趣的培养和良好学习习惯的养成。

（二）注意学习细节，等一等学生的思维

在学生的学习生涯中，二年级对于学生培养学习兴趣和养成学习习惯有着举足轻重的作用，因此二年级下学期的语文教学，要着重培养学生的思维能力，让学生真正去想，真正敢说，为三年级的作文打好基础。本节课在细节上注重学习兴趣的培养，在问题的设置上采取了"跳一跳能够到"的原则，把大问题化为几个小问题，把难的问题分为几个容易的问题，并且争取关注到每一位学生，回答问题时先让学习有困难的学生说，一遍说

不好、说不对不要紧，再给他一次机会，甚至三次、四次机会，直到说对、说好为止，此时还要注意及时给予表扬和鼓励，增强学生的自信心。例如，有一名同学"游泳"一词的读音不准，就先让他自己纠正，一遍、两遍，直到读准为止；还有一名同学读课文时有添字、漏字的现象，就让她慢下来，再读一遍，直到读好为止。教师在学生思维发展上应采取等一等的原则，回答问题时发现学生正在想，就用真诚的目光看着他、等着他，让他把话说完，让他把想说的说完。这个过程需要时间，但在思维训练上至关重要。例如，当教师问到"当你从青蛙的泥塘走过，你有什么建议对青蛙说"时，有一名学生想发言，但叫起他后发现，他一边思考一边说，语速比较慢，还有手势，此时教师不能着急，要静静地等他说完，并且表扬他。

（三）相信学生，解放学生

本节课有两个开放性的问题，一个是小鸟、蝴蝶等是怎么跟青蛙说的，另一个是你想对青蛙提点什么建议。在这样的问题上要尽量发挥学生的想象力，相信学生能做好，要给学生足够的时间，把束缚学生的因素全部清除掉，让学生放手大胆去做，老师只是引导者，适时引导，及时鼓励、表扬就行了。

在本节课中还有几个地方待进一步提高：

一是在写字时可以让学生展示一下自己写的字，师生共同评价，找到优缺点，让学生扬长避短，这样写字的效果可以更好一些。

二是在讲课的过程中语言还不够简练，应该让学生多说，老师多指导，效果更好。

三是朗读的形式还可以更多样，比如开火车读、男女生对读等，调动学生学习的积极性。

第十节 《为中华之崛起而读书》影视教育课堂实践探索

表 33 《为中华之崛起而读书》影视教育课堂实践探索

姓名	年级	教材单元	学校	课型	课时	影视资源
许志强	四年级	第七单元	岳池县东街小学校	讲授	1课时	《童年周恩来》、纪录片《周恩来》

作者信息：许志强（语文教师）

职称：一级教师

学校：岳池县东街小学校

一、教学背景

（一）课程标准要求

《义务教育语文课程标准（2022年版）》指出："教师应创造性地理解和使用教材，积极开发课程资源，灵活运用多种教学策略，引导学生在实际中学会学习。"为此，在设计的教学课件中整合了以下影视资源：《童年周恩来》、纪录片《周恩来》。

《为中华之崛起而读书》选自部编人教版语文四年级上册第七单元，本单元以"成长的故事"为专题，从不同角度讲述了别人的成长故事，让学生在体验别人成长经历的同时，思考自己成长中的问题，学习如何立志，如何自立，如何与别人相处。本篇课文写的是少年周恩来在目睹中国人在外国租界里受洋人欺凌却无处说理的事情后，深刻体会到伯父说的"中华不振"的含义，从而立志要为振兴中华而读书，表现了少年周恩来的博大胸襟和远大志向。

本课文作为本单元的第一篇，意图引导学生思考自己读书的目的，激励学生将自己的学习生活与国家繁荣和民族振兴大业联系在一起；引导学生在阅读中体会人物的思想感情，为本单元其他课文的学习奠定了学法基础和感情基调。

（二）学习任务分析

1. 认识目标

让学生读懂文章，了解 12 岁的周恩来当时远大的理想抱负，从而引导学生们思考自己为什么读书，明确并坚定自己的学习志向。

2. 思想升华

学生明确学习志向后，教师引导学生不只是为自己读书，还要为国家、为父母读书，报效国家、报答父母养育之恩，以此激励学生将自己的学习生活与国家、民族的繁荣复兴联系在一起。

3. 感情升华

让学生体会当时周恩来为什么要为中华之崛起而读书的社会环境和思想感情（少年周恩来在那时就已经认识到，中国人要想不受帝国主义欺凌，就要振兴中华；周恩来的爱国之情让他为中华之崛起而读书）。

（三）具体学情分析

刚上小学四年级的学生思维活动依赖具体的事物和经验的支持，易接受新知识并善于发问；有很强的求知欲望，可塑性强，特别喜欢鲜艳的色彩，思维活跃。

学生认知水平低，缺乏抽象性，因此老师要选择相对简单的内容组织教学；学生的兴趣并不固定，这就要求教师对其进行积极的引导；具有强烈的好奇心，但是不会寻根问底，对事物的认识只停留在表面。

刚上小学四年级的学生在学习上由完全的被动到稍微的主动，学习兴趣越来越浓厚，学习的热情也越来越高，表现出越来越高的积极性、主动性和自觉性。但由于学生年龄还小，注意力不集中，容易分心，能注意到的范围小，注意力的分配和转移能力较弱，不善于控制自己的注意力，意志力薄弱，自制力差，容易受外界环境的影响，所以老师应经常给予鼓励和引导。学生喜欢接受表扬，需要获得他人特别是父母、亲人的认可，这样能够有一种优秀感，促使他想一直保持好的成绩。

二、教学目标

（一）教学目标

第一，阅读课文，了解课文内容并正确、流利地朗读课文。

第二，感受少年周恩来的博大胸怀和远大志向，树立为国家繁荣和民族振兴而刻苦学习的远大理想。

（二）教学重难点及教学策略

1. 教学重点和难点

（1）本课教学的重点是让学生在阅读中体会人物的思想情感。

（2）教学的难点是了解当时的社会背景，深入体会少年周恩来立志的原因。

2.重难点突破策略

（1）教学模式："授之以鱼不如授之以渔"，因此在教学中，建立"自主、合作、探究"的学习模式，通过形式多样的朗读，让学生感知文本，体验情感，经过合作交流，发展思维，培养能力，在学习中渗透"读——思——议——悟"的学习法。

（2）教学策略：运用自我管理策略，教授学生改变行为的方式方法。主要步骤为：教授学生行为的原则和技巧；教授学生自我估计的步骤；制订自我管理、自我决断、自我指导的计划；修改和实施自我管理计划；避免不良的随机行为。

（3）教学手段：将交互式电子白板、投影仪、计算机等作为直观教具应用于各学科教学领域，利用其声、光、电等现代化科学技术辅助教学。

三、教学评价

第一，阅读要有明确的目标。阅读教学的目的在于激发阅读兴趣，养成阅读习惯，培养独立阅读能力。其中，培养独立阅读能力是核心，是终极目标。培养独立阅读能力要依据课程标准规定的年段目标，由易到难有所侧重，还要注意整体推进，螺旋式上升。四年级学生要从词语入手，理解文本内容、理解人物思想感情。对词语的理解要分步走，初读时先理解一些对学生来说生僻的词语，如"崛起""租界"等；细读时再把理解重点词语与深入理解课文内容有机结合起来，如"闯进""衣衫褴褛""惩处"等。第二，阅读要有层次，步步深入。教学时应首先从学生质疑的课题和普遍关心的问题开始，让学生找准阅读起点。接着带着问题自由读课文，初步理解内容。再接着让学生朗读全文，边朗读边理解内容，然后梳理哪些地方写"中华不振"感受最深。最后让学生进行重点段（7、8自然段）

细读，深入感受周恩来立志的原因。第三，整合听说读写训练。写的训练抓住关键词语"沉思"，展开想象"他在沉思些什么"。

四、教学过程

（一）影片导入，板书课题

老师播放纪录片《周恩来》。

老师（简称"师"）：影片中的人物你们认识吗？

学生（简称"生"）：认识，他是我们敬爱的周总理。

师：是的。这么一位了不起的人物，是我们全体中国人的骄傲！正是因为周恩来在少年时就立下了远大的志向，所以后来成长为新中国的第一任总理。今天就让我们走近周恩来，去了解他少年时代的故事。看老师写课题。"崛"是个生字，左边是山字旁、右边是个"屈"字。来，齐读课题。（生齐读）

师：崛起就是兴起；之是"的"。课题连起来就是为中华的兴起而读书。来，让我们一起再来读一读课题。

（二）自主质疑，初读课文

师：读了课题想知道什么？

生：这个"为中华之崛起而读书"的想法是在什么情况下产生的？

生：周恩来为什么说这句话？

师：都是同一个问题，就是周恩来为什么立下"为中华之崛起而读书"的志向。带着这个问题，读读课文吧。自己读，想怎么读就怎么读。（生自由读）

（三）检查词语，整体感知

师：课文读完了，相信这些词语你也会读了，看大屏幕（投影出示），

251

谁会读?

生:帝国主义列强、租界。

师:知道什么是租界吗?租界就是一些帝国主义国家,凭借着他们先进的武器和强大的国力侵略一些弱国,并且在弱国内划定一片地方作为他们的独立王国,在里面想干什么就干什么,而且还不允许弱国的人到里面去。再读一遍。(生读"租界")

师:可能同学们还不太明白,没关系,在接下来的学习中我们会继续了解租界,继续读。

生:衣衫褴褛,耀武扬威。(生读错字音,师纠正,请全班跟读)

师:大家读到"衣衫褴褛"的时候,仿佛看到了什么?

生:一个可怜的人在地上哭诉着,他的衣服很破旧。

师:对,"衣衫褴褛"指的就是身上的衣服破破烂烂。再读一读。(生读)

师:(指投影)这个词。

生:铿锵有力。

师:大声读。

生:(声音高昂)铿锵有力!

师:这就是铿锵有力。(指投影)这个词(生读"惩处")。

师:把这个词放到句子中,你还会读吗?

生:谁知中国巡警不但不惩处肇事的洋人,反而把她训斥了一通。

师:读了课文,现在谁来说一说,周恩来为什么立下了这样的志向?

生:因为他想让中国不受帝国主义的欺凌。

师:是什么让他产生了这样的想法?

生:中华不振。

师:你用一个词语就说出了周恩来立志的原因,真好!大家一起读读这个词。(生读,师板书中华不振)

师：正是因为中华不振，所以周恩来才立下了为中华之崛起而读书的志向。

（四）影片场景再现，初步感受"中华不振"

屏幕播放《童年周恩来》剪辑片段——伯父火车站接周恩来的场景。

师：同学们，结合刚才的短片说说课文里哪些地方让我们感受到了中华不振？我请同学来接读课文，其他同学应该怎么做呢？（生答"认真听""认真思考"）

师：一边听一边思考是个很好的习惯。大家可以拿起笔在书上轻轻地画，凡是让你感受到中华不振的地方都留下思考的痕迹。

（生接读全文；师指导朗读，指导理解重点词语"踊跃"）

师：又读了一遍课文，现在谁来读读你画的句子？你从课文的哪些地方感受到了中华不振？

生："一问才知道，这个妇女的亲人被洋人的汽车轧死了，她原指望中国的巡警局能给她撑腰，惩处这个洋人。谁知中国巡警不但不惩处肇事的洋人，反而把她训斥了一通。"

师：租界里的这一幕，让你体会到了中华不振。还有吗？

生："但是，在外国租界里，谁又敢怎么样呢？"

师：这句话也让你体会到了中华不振。

生："当时的东北，是帝国主义列强在华争夺的焦点。"

师："在华争夺的焦点。"一句话就让我们感受到了中华不振。

生："那是外国租界地，惹出麻烦来可就糟了，没处说理去！"

师：伯父的告诫也让你体会到了中华不振。还有？

生："这时周恩来才真正体会到伯父说的'中华不振'的含义。"

师：也让你真正体会到了中华不振的含义。还有？

生："前来接他的伯父指着一片繁华热闹的地方，对他说：'没事可不要到那个地方去玩啊！'"

生："他们急忙奔了过去，只见人群中有个衣衫褴褛的妇女正在哭诉着什么，一个大个子洋人则得意扬扬地站在一旁。"

师：这个妇女和洋人让你感受到了中华不振？

师：是的，课文处处都让我们感受到了中华不振。特别是租界里发生的那件事让同学们感受最深刻。现在就让我们到租界去看看，究竟是个怎样的地方。

（五）紧扣"租界"，观影感悟

屏幕播放《童年周恩来》剪辑片段——警察局门口场景。

师：结合影片，同学们找一找课文第几段写到了租界？（生答"第七段"）谁来读？

生："一个风和日丽的星期天，周恩来背着大伯，约了一个要好的同学闯进了租界。"

师：你听老师读这个句子。（师示范，生再读）

师：从"闯进"这个词语当中，你知道租界是个怎样的地方？

生：看守很严。

师：对谁看守很严？

生：对中国人。

师：租界不允许中国人随便进入。接着读。

生："嘿！这一带果真和别处大不相同：一条条街道灯红酒绿，热闹非凡，街道两旁行走的大多是黄头发、白皮肤、大鼻子的外国人和耀武扬威的巡警。"

师：是的，这就是租界。这就是繁华热闹的租界，这就是不允许中国人随便进入的租界。相信同学们学习了课文的第八自然段以后，会对租界有更深的认识。现在，就让我们到租界去看看那令人揪心的一幕吧。（投影

出示第八自然段）现在就请你轻声读读，边读边想象画面。（生读）

师：孩子们，透过字里行间，你仿佛看到了什么？你看到了怎样的画面？

生：一个衣衫褴褛的妇女，蹲在汽车旁边；一个大个子洋人得意扬扬地看着她，她原指望中国巡警能帮助她，可中国巡警不但没帮助她，反而骂了她一顿。

师：把你看到的给大家读读，好吗？

生："只见人群中有个衣衫褴褛的妇女正在哭诉着什么，一个大个子洋人则得意扬扬地站在一旁。"

师：衣衫褴褛的妇女，得意扬扬的洋人。现在，你再把这句话读一读。

生："只见人群中有个衣衫褴褛的妇女正在哭诉着什么，一个大个子洋人则得意扬扬地站在一旁。"

师：这鲜明的对比一定刺痛了你的心！请你再来读一读。

生：（气愤地）"只见人群中有个衣衫褴褛的妇女正在哭诉着什么，一个大个子洋人则得意扬扬地站在一旁。"

师：你看到那个可恶的巡警了吗？（生答"看到了"）把你看到的读一读。

生："一问才知道，这个妇女的亲人被洋人的汽车轧死了，她原指望中国的巡警局能给她撑腰，惩处这个洋人。谁知中国巡警不但不惩处肇事的洋人，反而把她训斥了一通。"

师：亲人被轧死，反而遭到训斥，你们能体会那个妇女此时的心情吗？

生：她可能会很伤心。

师：她此时心里一定觉得非常难过。

师：带着你的体会再来读读这段话。（生再读）听得出你对这个妇女的同情。我也想替她鸣不平。（师声情并茂地范读）

师：现在，请你再读读这几句话。（生声音低沉而缓慢地读"一问才知道……"）

师：你也在替这个妇女控诉这不公的世道。是啊，这个妇女的亲人被洋人的汽车（生接"轧死了"），她原指望（生接"中国的巡警局能给她撑腰"），惩处（生接"这个洋人"）。谁知（生接"中国巡警不但不惩处肇事的洋人"），反而（生接"把她训斥了一通"）。

师：除了可怜的妇女、可恨的洋人，你还看到了怎样的画面？

生：中国人都紧握着拳头。

师：是什么让围观的中国人都紧握着拳头？（生答"愤怒"）

师：带着愤怒，读读这几句话。

生：（愤怒地）"围观的中国人都紧握着拳头。但是，在外国租界里，谁又敢怎么样呢？只能劝劝那个不幸的妇女。"

师：你读出了你的体会。孩子们，紧握你的拳头，一起读。（生齐读）孩子们，在中国的国土上，看到了这样一幕又一幕，此时你紧握的拳头最想做什么？

生：我最想揍那个可恶的洋人和中国的巡警。

生：最想把欺负我们国家的人统统赶出去。

师：是的，我们一定要惩处他们。让我们怀着满腔的怒火，写一写这个"惩"字。举起你的手，跟我一起写。（边板书边声音激昂地解说）一撇愤，一撇怒，一竖恨，公正何在？但是我们却只能把对洋人的愤恨、对妇女的同情放在心里。读读这个字。（指导学生连续读三遍"惩"，直到读得响亮而短促）

师：在你的本子上也写一个"惩"字。（生书写）写好的同学，我们再读这个词。（生读"惩处"）

师：该不该惩处？想不想惩处？（生答"想"）但是敢不敢惩处？（生"不敢"）是的，在外国租界里，谁又敢怎么样呢？因为不敢惩处，所

以……（投影出示）

生：衣衫褴褛的妇女正在哭诉着。

师：一个大个子洋人则得意扬扬地——

生：站在一旁。

师：因为不敢惩处，所以中国巡警——

生：不但不惩处肇事的洋人，反而把她训斥了一通。

师：还是因为不敢惩处，所以围观的中国人都——

生：紧握着拳头。

师：只能劝劝那个不幸的妇女。

师：孩子们，让我们走进百年之前的中国，感受中华不振的屈辱。

播放视频片段，解说：徐徐推开百年中国的历史大门，我们看到的是一条记录中国屈辱的历史之路。一百年前的中国东北，帝国主义列强横行霸道，租界地里洋房林立，随处可以看到洋人耀武扬威的嘴脸。他们住着豪华的洋房，享受着奢华的生活。然而，他们的大门口却立着"华人与狗不能入内"的牌子。同一片土地上，灯红酒绿的外面是中国人在艰难的道路上挣扎，靠草根和野菜生活，徘徊在生命的死亡线上。

师：孩子们，现在谁再来读读这段话？

生："但是，在外国租界里，谁又敢怎么样呢？"

师：是的，在外国租界里，谁又敢怎么样呢？

师：这就是租界。这就是洋人灯红酒绿、热闹非凡的租界，这就是中国人没处说理的租界。租界里的一切都让我们深深地体会到了——

生：中华不振。

（六）提出问题，引发思考

师：从租界回来以后，同学们常常看到周恩来一个人在沉思。12岁那年的沉思决定了周恩来一生的道路。他会沉思些什么呢？课下请你写一写。

（七）布置课后作业

第一，练习生字、词语、连词，并用词语和连词造句。

第二，要求学生能熟读课文，并背诵重点段落。

第三，拓展活动：在老师指导下分小组编导、排练、演绎课本剧《为中华之崛起而读书》。

五、教学反思

在《为中华之崛起而读书》的课程教学中，用电影场景的再现以及课文中生动鲜明的文字激活学生的思维，以真挚热烈的情感点化学生的认知，用凝练明白的语言陶冶学生的情操，启发学生的潜能，抓准切入点，紧扣"中华不振"，整体解读文本。这篇课文写的是周恩来少年时代的一件事，他目睹了中国人在外国租界里受洋人欺凌却无处说理的事情，从中深刻体会到伯父说的"中华不振"的含义，从而立志要为振兴中华而读书，表现了周恩来的博大胸襟和远大志向。文章一共讲了三个故事，篇幅较长，本节课的重心放在对"中国妇女受洋人欺凌"这件事的阅读理解上，因为这件事既是激发周恩来说出"为中华之崛起而读书"这句话的直接诱因，又承上启下，贯通了全文。深入地体会这句话，并有感情地朗读出来，对于理解他立志为振兴中华而读书的原因是至关重要的。本节课的教学注重引导学生采用多种方式研读，在读中体会，在读中感悟。"中华不振"成为课堂上蓄积情感、掀起高潮的一个支点拓展文本，直面历史，引导学生树立报国之志。课堂上，学生的愤怒之火已被点燃，孩子心海难平，从而让孩子心有所向，让孩子从心底深处唤起民族意识，萌发报国之情，与少年周恩来的心灵产生了共鸣。直至课堂尾声，让学生思考：我们又是为什么而读书？激发学生的情感固然重要，如何在本堂课教学之后让这种情感延续下去更为重要。

后　记

　　本书的编撰基于课题项目调研及相关活动的组织，秉承"政研、科研、项目"一体化推进的整体思路，深度融合"提升中小学生阅读素养的路径与策略研究"研究课题和阅读素养、人文素养及影视戏剧教育项目，探索形成建议措施及可执行、可操作的新时代影视戏剧教育政策细化配套方案。

　　2021 年 4 月至 7 月，中小学生人文素养及影视戏剧教育课题项目组先后赴重庆、四川、山东、河南、河北、吉林、浙江等地进行深入调研，组织中小学生阅读素养、人文素养及影视戏剧教育研究课题试验项目入围校研讨会。课题项目负责人介绍了课题项目的目标宗旨、设立背景、阶段步骤等相关工作。课题项目组专家就中小学生阅读素养、人文素养及影视戏剧教育研究进行了专业的理论解读和实践指导。省级教育技术装备部门负责同志和区域教育行政部门负责同志出席会议指导；相关学校校长、教师代表参会汇报、研讨。调研摸底各地各校贯彻党中央、国家和教育部关于中小学图书馆应用管理、读物管理、阅读活动、影视教育等领域的法律法规政策的现状和一手资料，探索薄弱环节，分析存在的主要问题及原因。

　　除实地调研外，课题项目组还以线上形式组织召开中小学生阅读素养、人文素养及影视戏剧教育项目入围校线上工作推进会（2021 年 9 月 5 日），中小学生阅读素养、人文素养及影视戏剧教育项目试验校遴选要求解读会（2021 年 9 月 28 日），中小学阅读课程建设与应用公益培训（2022 年 1 月 12 日），中小学生人文素养及影视戏剧教育项目应用校结项说明会（2022

年 6 月 28 日）等数次线上工作推进研讨会及公益讲座，向全国入围校解读了项目工作重点、试验校遴选细则等相关要求，积极动员全国所有入围校参与影视教育系统课程资源试点、阅读素养测评、馆配资源现状调查、系列培训研修、成果编撰等项目重点工作，为入围校提供工作指导。

新时代如何通过研究、优化影视戏剧教育以更好支撑中小学生人文素养提升是一个新领域，本书通过课题项目组三年多的项目研究和实践探索，希望对该领域研究抛砖引玉，能为中小学开展影视戏剧教育研究及教师教学实践提供有益参考和有效路径，进而对培养新时代担当民族复兴大任的时代新人有所裨益。若能如此，将感到万分欣慰和不胜荣幸！

图书在版编目（CIP）数据

新时代中小学生影视戏剧教育资源研究与教学实践 / 教育部教育技术与资源发展中心（中央电化教育馆）组织编写；张瑜主编. —北京：中国国际广播出版社，2024.5

ISBN 978-7-5078-5551-7

Ⅰ. ① 新… Ⅱ. ① 教…② 张… Ⅲ. ① 影视艺术－中小学教育② 戏剧教育－中小学教育 Ⅳ. ①G633.950.2

中国国家版本馆CIP数据核字（2024）第084950号

新时代中小学生影视戏剧教育资源研究与教学实践

主　　编	张　瑜	
副 主 编	陈碧琦　王一可	
责任编辑	张　玥	
校　　对	张　娜	
版式设计	邢秀娟	
封面设计	赵冰波	

出版发行	中国国际广播出版社有限公司 ［010-89508207（传真）］
社　　址	北京市丰台区榴乡路88号石榴中心2号楼1701
	邮编：100079
印　　刷	天津市新科印刷有限公司

开　　本	710×1000　1/16
字　　数	240千字
印　　张	17.5
版　　次	2024 年 6 月 北京第一版
印　　次	2024 年 6 月 第一次印刷
定　　价	48.00 元